Il Tallone di Jury

ALESSANDRO FERLOSIO

Omnibus

INDICE

Il metodo. *La terra* in cui affondano le radici dell'essere.

L'emozione. *L'acqua* che dà vita alla terra.

La forza e la consapevolezza. *Il fuoco* che forgia e fissa forme e sapori.

ALESSANDRO FERLOSIO

PROLOGO
ROMA, OGGI

La prima cosa che mi hanno detto, indistintamente, tutte le persone che mi conoscono, che hanno avuto la benevolenza di leggere il mio primo libro, è stata: «Quindi, che devo fare? Che posso fare io, che non conto niente?».

Io interpreto questa domanda come un segnale positivo: voglio dire che se ciò che hai letto non ti ha acceso nessuna lampadina, non ti e piaciuto e ti ha annoiato, poi non chiedi all'autore cosa dovresti fare.

Però, non è possibile dire a ciascun potenziale lettore "cosa" fare, né in generale né nello specifico degli argomenti trattati in un libro. Io non sono Carlo Cracco e questo non è un libro di ricette. Non aspettatevi quindi che tiri fuori un coniglio dal cilindro della tastiera con cui sto scrivendo: non vi dirò cosa *potete* né *dovete* fare ora. Non ve lo dirò non perché sono un sadico ed amo tenere le persone sulle spine, né perché è un segreto di quelli da mantenere ad ogni costo. Non ve lo dirò semplicemente perché è impossibile che io, o chiunque altro, possa saperlo. Come faccio a rispondere? Dovrei sapere come sei fatto, che inclinazioni hai, che Talenti hai, che aspirazioni hai. Dovrei conoscere il tuo mondo, le tue amicizie, i tuoi conoscenti, i tuoi datori di lavoro. Dovrei conoscere le tue paure, i tuoi gusti, i tuoi sogni. A volte, tutte queste cose insieme, non le conosciamo nemmeno noi stessi. E pure se Mago Merlino in persona mi facesse dono della sua personale sfera di cristallo, per conoscere tutte queste cose di ciascuna persona che decide di leggere il mio libro, poi, comunque, come potrei conoscere il futuro di queste persone? Ogni scelta è una scommessa. L'imponderabile esiste ed è sempre in agguato. Nel bene, come nel male. Se fosse possibile programmare le nostre vite come fossimo computer, che senso avrebbe la vita? Certo, tutti abbiamo desiderato, almeno una volta nella vita, trovare il modo di controllare gli eventi; a volte riusciamo, in parte. Ma la vita, lo sanno tutti, è troppo grande per poter essere controllata, per poter essere anche solo definita. La vita è la vita!

Vi ho spiegato quali sono i motivi per cui la cultura occidentale è al capolinea. Vi ho raccontato una mia proposta su come sarebbe possibile rimetterla in moto, darle nuova linfa. Ma non posso dirvi cosa potete fare per arginare gli effetti di questa finta crisi indotta.

Come detto, è impossibile farlo.

Però posso dirvi "come" fare ciò che ciascuno deciderà di fare. Inoltre possiamo riflettere insieme su ciò che certamente non andrebbe fatto; possiamo andare alla ricerca di un metodo che renda facile scoprire cosa si può fare con successo per migliorare la condizione attuale; posso segnalarvi gli ostacoli, le dinamiche e le opportunità di mettersi in discussione, per scoprire come il nostro cervello sia in grado di modificarsi, nel tempo, molto più che non il nostro corpo.

D'altronde, seguire un percorso personale, fatto di spontaneità e motivazione, permette di avere un senso di responsabilità e soddisfazione che appaga; a differenza di sentirsi dire da altri cosa fare di se stessi.

Un'altra differenza tra capire da soli cosa fare e seguire come pecore il gregge, è che nel primo caso bisogna mettersi in discussione, bisogna avere il coraggio di osare, bisogna rischiare di prendere decisioni scorrette, bisogna rinunciare ad aver qualcuno cui dare la colpa se le cose vanno male; nel secondo è tutto più facile, sebbene da questo discenda una vita anonima, spersonalizzata.

Una volta Freud disse che *nella società civile abbiamo barattato in cambio della sicurezza, quasi tutta la felicità.* E questo perché impieghiamo moltissime energie a frustrare le nostre pulsioni, nel tentativo di armonizzarle con lo scenario culturale nel quale si è inseriti. Insomma facciamo buon viso a cattivo gioco, pur di ottenere un lavoro, pur di mantenere pacifici i rapporti con i nostri vicini e via dicendo.

Mi trovo d'accordo. Ma va pure detto, traslando ed ampliando un po' l'assunto di Freud, che di sicurezza oramai ce n'è ben poca, allora tanto vale rischiare per qualcosa per cui valga la pena vivere.

L'occidente fonte inesauribile di benessere materiale non esiste più. Non a queste condizioni, non a questo prezzo. Il sistema economico si è ribellato ed ha imposto una revisione, radicale, decisiva. Per la prima volta, come detto nel precedente libro, c'è la possibilità di una rivoluzione fatta da ciascuno.

Non più grandi eserciti, non più eroi solitari, ma la grandezza della quotidianità spesa bene. La somma di milioni di piccoli passi nella direzione giusta.

PRESUPPOSTI

1 LA MORTE È STUPIDA.
MONROE, NJ-USA, 23 MAGGIO 2015.

John e Alicia stanno chiacchierando. È sabato e lui sta raccontando a sua moglie alcuni particolari della cerimonia cui ha partecipato martedì. In questo momento, moglie e marito, stanno percorrendo la *Turnpike*, una strada che si snoda per centinaia di chilometri, nel New Jersey. Ha dieci corsie e solo qualche minuto prima, John stava considerando, tra sé e sé, quanto siano cambiate le strade negli anni: ricordava quelle strette e polverose di *Bluefield* in *West Virginia*, quando era bambino, negli anni trenta. Gli vennero in mente i profumi che la campagna attorno a quelle piccole strade offriva ai viandanti, durante il periodo primaverile ed estivo. Adesso, nessun profumo. Solo il brusio indefinito della radio che si mescola al rumore del taxi su cui stanno viaggiando. Immerso in questo suono di sottofondo, John racconta ad Alicia le sensazioni provate durante il soggiorno norvegese, ad Oslo, appena terminato. John era lì perché insieme a Louis Nirenberg sarebbe stato insignito del prestigioso premio Abel Prize da sua altezza reale Harald V, in persona. Entrambi i matematici, John statunitense e Louis Canadese, hanno vinto diversi premi in carriera, per via del loro geniale lavoro. John nel 1994, addirittura, il premio Nobel.

Il taxi su cui viaggiano John ed Alicia è una *Ford Crown Victoria*, un'auto dalla linea piuttosto anonima, semplice, ma nel contempo in grado di conferire al mezzo una certa autorevolezza, data forse dalle proporzioni tra avantreno e cofano posteriore. Davanti a loro, una

Chrysler. Le due auto percorrono l'enorme carreggiata a velocità molto simili ma il conducente del taxi non ha piacere nel guidare con davanti a lui, così vicina, un'altra auto. Controlla i limiti di velocità e, potendolo fare, decide di sbarazzarsi della *Chrysler*. La manovra è facile, tuttavia qualcosa va storto. Più tardi, neanche il Sergente della polizia di Stato Gregory Williams, ha saputo capire cosa fosse andato storto. Il taxi si schianta sul *guard rail*.

John e Alicia, sui sedili posteriori del taxi, non indossano le cinture di sicurezza e l'impatto li fa schizzare come proiettili fuori dall'auto.

John Forbes Nash jr e Alicia Larde muoiono così, in questo modo stupido. Forse morire è sempre stupido, agli occhi di chi rimane. Ma un *premio nobel* che ha trascorso la vita a combattere stoicamente le allucinazioni dovute alla schizofrenia che muore in un taxi, per via di un incidente banale, è una cosa davvero bizzarra.

Ecco perché Dio ha mandato Gesù per vincere la morte: perché è stupida, sterile, squallida, inutile, triste.

Il gesto di Gesù ha reso la morte un'altra cosa: l'enorme amore che lo ha spinto a sacrificarsi, ha reso la vita infinita, se riconosciamo "cosa siamo" e perché. Ad esempio, Nash per quale motivo è stato creato?

Io credo che il vero valore del matematico Nash non sia mai stato individuato; neanche il conferimento del premio Nobel ha messo in luce cosa è veramente importante del suo contributo all'umanità.

Due cose: per quasi tutta la sua esistenza, John Nash ha dovuto combattere contro la schizofrenia. È riuscito a resistere ai colpi terribili della malattia mentale nell'unico modo possibile: grazie all'amore, quello vero, incondizionato, quello che si sacrifica. Sua moglie Alicia è stata vicina a lui sempre, in modo da permettergli di continuare la sua attività di professore e ricercatore. E poi, l'applicazione delle intuizioni del matematico, al mondo dell'economia e le sue relative dinamiche.

Il vero valore dell'opera di Nash è tutto qui. Ma, molto spesso, l'entità del contributo eccezionale dei geni, si afferra solo quando questi muoiono. Chissà perché… comunque, siccome Gesù ha reso la morte l'inizio di una nuova vita, capita proprio così.

Il suggestivo film che narra la vita di Nash, interpretato da Russell Crowe, intitolato *A Beautiful Mind*, fece conoscere a tutti la storia eccezionale di questo fragile genio. Chi ha studiato economia, la conosceva già, per via delle sue pubblicazioni. Io ero tra questi. Ma solo ora intuisco la portata eccezionale della sua opera. Va intesa in un senso più ampio. Va applicata ad un'economia come l'ho definita ne *La Gallina di Pericle*. Altrimenti la matematica è solo uno strumento per risolvere rompicapi. Ma agli abili enigmisti basta la soddisfazione personale di risolvere i quesiti; per loro non ci sono i premi Nobel.

Lo sto capendo solo ora, perché solo ora guardo da più lontano i fatti, ottenendo una visione d'insieme. Mi accorgo quindi che Dio si è preso Nash, ma ci ha subito dato l'enciclica *Laudato Si*. Entrambi dicono la stessa cosa, in modi diversi.

Il 23 maggio 2015 muore Nash ed il giorno dopo papa Francesco pubblica la lettera enciclica dedicata alla conservazione del Creato, come casa comune. Questa contiguità di contenuti e la continuità temporale ci invitano a considerare, definitivamente, l'economia per quello che è. Seguitemi e ve lo dimostro…

Nash ha ottenuto grandi riconoscimenti per via dei suoi studi sulla teoria dei giochi. La teoria dei giochi è un modo di utilizzare la matematica. Essa serve per analizzare le conseguenze delle decisioni prese dalle persone. Normalmente prendiamo certe decisioni e non altre perché ci consideriamo o ci sentiamo in conflitto con altre persone. O meglio: siccome nella nostra vita cerchiamo sempre di ottenere il massimo vantaggio dalle situazioni che ci capitano, questa cosa può andare a discapito di altre persone, più o meno evidentemente coinvolte nei nostri episodi quotidiani. La teoria dei giochi è uno strumento matematico per calcolare, quanto più possibile, le conseguenze di decisioni prese in questa cornice sociale.

John Nash ha avuto il merito di intuire dei modelli specifici della teoria dei giochi che sono perfettamente applicabili all'economia. Nel 1994 gli è stato conferito il premio Nobel per questo motivo. Nello specifico, Nash ha definito un modello di agire socio economico che si conosce con il nome di *equilibrio di Nash*. Nel film *A Beautiful Mind* c'è una scena che rimanda proprio al momento in cui John ebbe questa intuizione: si tratta del momento in cui lui è con amici in un bar ed entra una ragazza mozzafiato. L'istinto di ogni ragazzo della comitiva di Nash è quello di *provarci*, ovviamente. Ciascuno pensa che se non otterrà l'attenzione della *femme fatale*, allora chiederà un appuntamento ad una delle ragazze del tavolo vicino. La genialità di Nash comprende che agire in questo modo non porta buoni frutti perché di fondo, alla base, c'è egoismo.

Nonostante si sia portati a pensare che per ottenere un vantaggio per sé, bisogna curare i propri interessi, egoisticamente, ignorando fino a calpestare quelli degli altri, in realtà John intuisce una spiegazione matematica del perché questa credenza è falsa, oltre che eticamente zoppicante.

Se ciascuno, a turno, ci prova con la bella ragazza appena entrata, lei si sentirà aggredita e resa trofeo di caccia di giovinastri in cerca di avventure. Quindi con tutta probabilità, non uscirà con nessuno. A questo punto i ragazzi ripiegheranno sul tavolo a fianco, dove però riceveranno un ulteriore *2 di picche*, perché nessuno ama essere considerato un ripiego, tanto meno le donne in un bar. Il risultato di agire senza coordinarsi, mirando ciascuno al massimo egoistico, porta inevitabilmente a non ottenere nulla.

Nel libro *La Gallina di Pericle* riporto un articolo scritto alcuni anni prima, in cui racconto che il 15 luglio succede sempre qualcosa. Effettivamente pare che il mio giochino delle date abbia un fondo di verità.

A Parigi, nel 1848, proprio il 15 di luglio nasce Vilfredo Pareto.

Vilfredo diventerà sociologo e si occuperà anche lui di economia. Molte delle proposte da lui formulate hanno avuto fortuna, come ad esempio la famosa *regola dell'80-20*. Un'altra, anch'essa molto adottata in analisi socio economiche, è definita *l'ottimo paretiano*. Il primo a considerare una bestialità il comportamento singolo, volto all'ottenimento egoistico del miglior risultato, fu proprio Pareto.

In buona sostanza, *l'ottimo paretiano* si verifica quando la ricchezza è distribuita in modo che non si possa migliorare la condizione di un soggetto senza peggiorare la condizione di un altro. Pareto ha quindi il grande merito di aver descritto per primo, con un modello matematico, questa dinamica.

L'equilibrio di Nash descrive ancora meglio cosa succede in economia quando si agisce solo per il proprio tornaconto. Il dilemma del prigioniero è una storiella tanto semplice quanto geniale nella sua capacità evocativa. Mi è sempre piaciuta moltissimo e ora ve la racconto: essa illustra perfettamente quella situazione che si crea tra le persone quando agiscono individualmente. La situazione che la storiella racconta, determina un *equilibrio di Nash* ma a me è sempre sembrata più un'*impasse*. Le cose stanno in equilibrio solo perché non si sa che pesci prendere…

Un ispettore di polizia talentuoso acciuffa 2 criminali ricercati da tempo e molto pericolosi. Ha bisogno delle loro confessioni per incastrarli in tribunale, così escogita uno stratagemma che spera possa fargli ottenere ciò di cui ha bisogno. Separa i due criminali e li confina ciascuno in una stanza. Loro non possono comunicare. Va da ciascuno e gli promette quanto segue:

- Se non confessano entrambi, avranno una condanna ad 1 anno,

- Se confessano entrambi, accusandosi vicendevolmente, dovranno scontare 6 anni,

- Se agiscono in maniera diversa, quello che confessa sarà libero, mentre l'altro starà in carcere 7 anni: più, che se confessano entrambi.

A loro la decisione...

Il punto è che i due criminali non potendo parlare non riescono a mettersi d'accordo, per ottenere *l'ottimo paretiano*.

Succederà proprio come nella realtà: tutti conoscono le regole dell'economia ma siccome l'uomo preferisce essere egoista scegliendo di non condividere le decisioni, si finisce con lo scegliere la via che porta a "pagare" 6 anni. Che quindi non è quella in assoluto migliore (l'ottimo di Pareto).

Pareto ci ha spiegato come ottenere una buona distribuzione della ricchezza, ma non ci ha detto cosa l'ostacola. Nash ha dimostrato matematicamente che l'egoismo sociale, cioè agire senza conoscere e considerare i vantaggi di tutti gli attori, porta a soluzioni apparentemente vantaggiose, ma che potrebbero esserlo molto di più se solo si volesse/potesse condividere le decisioni, portando l'economia da gara molto competitiva, volta all'esclusione della maggior parte possibile di persone, a gestione mutua e solidale del Creato.

Insomma la grandezza delle intuizioni e delle dimostrazioni di Nash non sta nella sua innata capacità di formulare modelli matematici complessissimi; bensì nell'aver messo definitivamente in luce che non esiste nessun fondamento reale o scientifico o naturale che avalli e confermi gli attuali modelli economici.

Il secondo motivo per cui il suo lavoro è di straordinaria importanza sta nel fatto che è riuscito in questo intento scientifico grazie a qualcuno che gli ha dedicato il suo Amore, sacrificandosi per lui. Si potrebbe dire che la condivisione e la solidarietà di sua moglie hanno permesso di dimostrare scientificamente che l'egoismo non conviene a nessuno!

Scoprirlo è meraviglioso: non la mente geniale, non la potenza della matematica, non un calcolatore futuristico, non la competitività, non l'imposizione di un governo, bensì il paziente e silenzioso sacrificio di un coniuge a favore dell'altro. Scoprire che sia stato questo a consentire la dimostrazione scientifica dell'inutilità dell'egoismo trovo sia strabiliante, eccezionale.

2 PAROLE CHE NON PUOI TRADURRE.
ROMA, OGGI.

Qualcuno, un giorno, disse che la penna ferisce più della spada. Le parole fanno male, se non le usi adeguatamente. Puoi offendere, fraintendere, sottendere. Questo perché le parole sono molto potenti. Alcune parole, addirittura, non puoi tradurle in altre lingue. Questa cosa è affascinante e sembrerebbe strana, ma se ci pensate, non lo è: per quale motivo un popolo dell'Africa equatoriale, faccio un esempio, dovrebbe annoverare nel proprio idioma una parola per intendere quel fenomeno atmosferico che noi chiamiamo *aurora boreale*? A quelle latitudini, le tempeste magnetiche che investono l'atmosfera terrestre rifrangendo la luce in modo così spettacolare, non si vedono. Per cui non serve avere una parola per descrivere una cosa così distante dalla quotidianità. Il rovescio della medaglia è che fenomeni, situazioni, modi di pensare e di sentire caratteristici di un popolo, hanno termini specifici che non possono essere tradotti in altre lingue.

Le perifrasi che descrivono ciò che significano queste parole sono, per me, irresistibili perché hanno il fascino di qualcosa che non conosciamo, qualcosa di misterioso. Infondo tutti subiamo la seduzione dei luoghi lontani, che non sono alla nostra portata: ecco perché il vicino, ai nostri occhi, in giardino ha un'erba *più verde*. Siamo tutti esterofili per questo motivo. Ad esempio, trovo deliziosa la parola giapponese *Komorebi*, che indica l'effetto romantico dei raggi del sole che filtrano attraverso gli alberi. In Corea, invece sono sensibili ai sogni ed allora hanno una parola, *won*, che indica la difficoltà che si incontra nel dover affrontare la dura realtà, accantonando le proprie illusioni.

Altre volte non si capisce perché anche noi italiani non abbiamo un termine così: in hindi, dare del denaro ad una persona affinché una pratica burocratica vada a buon fine, si dice *chai-pani*. Noi, in Italia, abbiamo la parola *corruzione*, ma ha un carattere più generale. Oppure adottiamo figure retoriche: *bustarella*. Ma non abbiamo un termine specifico.

Alcuni termini non sono poi così divertenti, ma ugualmente significativi perché ci permettono di vedere il mondo attraverso gli occhi di chi li ha coniati. Ad esempio, in finlandese, un nutrito branco di renne si dice *tokka*.

Infine alcune parole dovremmo proprio farle nostre, perché sarebbe meglio per tutti che interiorizzassimo l'atteggiamento che indicano. *Ilunga*, per i centroafricani, indica una persona che la prima volta è disposta a perdonare ogni genere di offesa, la seconda volta è orientata alla tolleranza, ma se si arriva alla terza, non ha più pietà. Così dovremmo essere nei confronti dei governi che si succedono, inoperosi, inefficienti, indolenti ed arpagoni.

Non so se esiste una lista ufficiale, redatta da qualche antropologo che con pazienza e con l'aiuto di un glottologo, ha individuato e catalogato tutti questi vocaboli. Credo che se esiste, potrebbe, anzi dovrebbe, essere materia di studio per gli scolari, fin dai primi anni, perché aiuterebbe a conoscere la diversità e ad apprezzarla, piuttosto che esserne spaventato. Tuttavia, so che esiste un sito web, dove qualche artista si è divertito a raffigurare vignette per descrivere le "parole intraducibili"; come fosse un dizionario illustrato, a fumetti... un progetto molto interessante!

In tedesco esiste una parola, sulla quale è stata fondata una rivoluzione. Si tratta di una rivoluzione del pensiero e la parola intraducibile è *beruf*. Ma vi dirò più tardi il suo significato.

3 L'INSOSTENIBILE PESANTEZZA DELL'INDETERMINAZIONE. HIDELBERG (DE), 1903.

Max Weber è un insegnante. Avrebbe tanto voluto fare l'avvocato, ma dopo gli studi in legge, le vicende della vita l'hanno portato ad insegnare economia, presso diverse università. A lui piace trasmettere la cultura. È un professore presso l'università di Hidelberg. Max è un sociologo ed i sociologi sono da sempre tutti uguali; a loro interessano principalmente la religione, l'economia e la politica. Fatto del tutto comprensibile: cos'altro connota, determina ed influenza una società? Ben poco altro, oltre la religione, la politica e l'economia. E Max non è diverso dagli altri. In questi giorni ha un'idea strana che gli saltella per la mente. È un'idea stimolante, ma non si decide a metterla in opera. Forse è un azzardo, teme. Weber ritiene che possa esserci un legame tra religione ed economia. L'intuizione è maturata pian piano perché considera *necessario* comprendere cosa ha fatto scaturire il capitalismo. C'è una cosa che fa tentennare il professore. I suoi mal di testa. Le emicranie lo portano allo sfinimento e per lunghi periodi non riesce a lavorare come vorrebbe. Dal 1897, dopo un'accesa lite con suo padre, continua ad avere un forte senso di irrequietezza ed ansia che debilitano la mente ed il corpo. Il suo rapporto con i genitori non fu mai buono, anzi. Tutta la vita, Weber porterà il peso di questa croce. Comunque, in questo periodo si sente meglio. Decide, allora di buttare il cuore oltre l'ostacolo e di iniziare le ricerche. L'insegnamento, quello no. Ancora non si sente di riprenderlo, dopo averlo sospeso durante i suoi momenti più difficili. Dopo circa un anno, nel 1904, pubblica l'esito di questa sua ricerca dal titolo *L'etica protestante e lo spirito del capitalismo.*

La nascita della sociologia viene fatta risalire all'intellettuale francese Auguste Comte (è proprio lui, in effetti, a coniare il termine "sociologia") attorno al 1830. La sociologia è la naturale evoluzione della filosofia. Fino ad allora, la filosofia si era occupata di ciò di cui si occuperà, da ora in poi, la sociologia. Ma perché nasce la sociologia? Due condizioni producono quella variazione genetica che fa nascere dalla filosofia la sociologia. Due condizioni faranno sì che le due anime non torneranno più ad essere una. Si tratta degli effetti che la rivoluzione industriale determina in Europa a partire dalla fine del '700. Tali mutamenti del pensiero e della distribuzione demografica sono in larga parte dettati dalla nascita delle industrie che calamitano nelle città, sempre più estese e popolose, grandi masse di poveri, dalle campagne. La stessa rivoluzione industriale credo sia corretto farla discendere dall'era dei "lumi". L'Illuminismo che caratterizza tutto il 1700 è una nuova cultura dominante che si fonda sulle capacità intellettuali (*i lumi*, appunto) dell'uomo. Capacità che, a più riprese, verranno considerate pressoché senza limiti. Da questa convinzione di base, si diffonde nella società Europea, nonostante da nord a sud sia così variegata e disomogenea, la fiducia nella tecnica e nel progresso. Si ritiene che il progresso non avrà mai limiti e che salverà l'Uomo da ogni suo male. Questo atteggiamento porterà nel corso degli anni a venire, un impulso scientifico notevole. Certamente il più intenso e duraturo che sia mai esistito nella storia dell'Uomo. In questa cornice, la filosofia manca di scientificità. Essa è *sapere*, ma autoreferenziale per via del fatto che le teorie degli autori non sono sostenute da prove scientifiche incontrovertibili. Si avverte forte ed ineludibile il desiderio di dare alla filosofia la condivisibilità, la controllabilità e la pubblicabilità tipiche della scienza. Nasce la sociologia scientifica.

Al ricercatore, in ogni campo del sapere, è richiesta una totale fedeltà alle condizioni della scienza. Se si concede libertà o deroghe da questo tracciato, il castigo è che i risultati del suo lavoro non possono essere considerati attendibili. Questo non significa che il lavoro di ricercatore sia noioso e puramente procedurale, anzi. Ci vogliono anche molta fantasia ed intuito. Le tesi, che poi con procedure scientifiche vengono confermate o confutate, nascono dalla creatività del ricercatore che immagina *dove* andare a cercare la risposta al suo quesito.

Max Weber vuole indagare in maniera scientifica sulle condizioni socio-culturali che determinano l'approccio all'economia. Di più: vuole scoprire se c'è un legame innegabile tra la cultura delle persone e come esse si procurano la sussistenza materiale. Anzi, lui è convinto di aver intuito cosa ha generato il capitalismo e vuole verificarlo scientificamente. Weber crede che l'etica di certe popolazioni del nord Europa, interiorizzata a partire dall'educazione religiosa, abbia dato vita ad una serie di atteggiamenti che hanno orientato le azioni delle persone. Occorre però precisare qualcosa in merito alla religione nordeuropea.

L'etica cristiana che si diffonde in Europa a partire dall'affermazione della Chiesa Cattolica, con l'imperatore Costantino, e che per oltre mille anni viene interiorizzata, praticata e arricchita con mille e più inserti culturali dalle svariate e non sempre rintracciabili origini geografiche, si fonda su alcuni principi apparentemente incontrovertibili. La condanna della ricerca intenzionale del guadagno come moralmente corrotta; la svalutazione e la relativa poca considerazione degli impegni mondani, rispetto ad attività direttamente correlate con la ricerca del Regno dei Cieli, come la preghiera e la contemplazione; l'eccessiva alta valutazione della tradizione come parametro di controllo per le attività umane, comprese quelle economiche, che porta a scoraggiare l'innovazione.

In sintesi, l'etica cattolica non vede di buon occhio chi guadagna soldi, considera molto più importante ed utile pregare piuttosto che lavorare, fin quasi a considerare le attività quotidiane come fuorvianti mondanità ed è assolutamente contro ogni forma di innovazione.

L'etica protestante gioca un ruolo determinante nel preparare il terreno sul quale, fertile, germoglierà il capitalismo: neutralizza tutte queste sanzioni appena elencate, permettendo che l'economia ed il lavoro possano essere "vissuti" con impegno e passione.

Lutero è famoso per aver dato alla gente comune una versione della Bibbia tradotta nella lingua corrente. Fare ciò che la Chiesa Cattolica avrebbe dovuto fare, però, gli ha procurato la scomunica e da quel momento in poi Lutero diviene capostipite di un ramo del cristianesimo che dissente da Santa Romana Chiesa. Una cosa altrettanto importante ma decisamente meno conosciuta di Lutero è che aggiunge al concetto di *beruf* un valore anche etico/religioso. Il termine *beruf* è una di quelle parole che non puoi tradurre. In tedesco, essa indica l'atteggiamento della persona nei confronti di ciò che fa, come lavoro. In italiano usiamo termini come professione, vocazione, occupazione, ma dobbiamo proseguire la descrizione se vogliamo far capire che si tratta di un impegno lavorativo basato sulla convinzione di chi lo svolge che è venuto al mondo proprio per fare questo. Insomma, come quando incontri quelle persone che sostengono che fin da bambini avevano sempre voluto fare proprio il lavoro che oggi svolgono. Ecco, tutto ciò si può esprimere, in tedesco, con un termine solo: *beruf*.

Weber sostiene che, nonostante Lutero abbia dato valore morale al *beruf*, in realtà il pastore avesse una concezione piuttosto statica, insomma medievale del termine. Infatti in sostanza *beruf*, secondo Lutero, non è altro che *fare ciò che si deve, ogni giorno*. L'unica novità introdotta da Lutero è che fare ciò che si deve quotidianamente, non è determinato più solo dalla condizione esistenziale (cioè dalla classe sociale di appartenenza) bensì anche da un patrimonio etico culturale che ha origine nell'etica cristiana.

Le ricerche di Weber mettono in luce che il cambiamento introdotto da Lutero non è sufficiente a spiegare la nascita del capitalismo. Una condizione certo necessaria, ma non sufficiente. Il compito di aver dato vita al capitalismo è sulle spalle di un'altra specifica dell'etica protestante e cioè il *calvinismo*. Weber comincia a prestare molta attenzione agli argomenti introdotti da Calvino ed in particolare alla dottrina della predestinazione.

Essa, come dice la parola, prevede che l'Uomo abbia il suo destino già scritto, dopo la vita. Calvino disillude il mondo ed i credenti, rendendo, una volta per tutte, inaccessibile il Dio in cui si crede. Diviene così impossibile accertare la sua benevolenza, sempre professata dai cristiani, ma anche e soprattutto, chiedere ed ottenere il perdono per le proprie colpe.

A ben pensarci, Calvino praticamente snatura il Cristianesimo. Perché una cosa è tradurre le Sacre Scritture rischiando di far crollare un baluardo del potere temporale della Chiesa, tutt'altra è togliere il nome di *Emmanuele* al Dio dei Cristiani. *Emmanuele* significa "Dio con noi". Dio è sempre stato con noi, Lui è tutt'altro che inaccessibile: ha parlato a Mosè ed Abramo e ha mandato suo Figlio Gesù a sacrificarsi per noi, tanto per essere chiari. Solo che, per essere bravi sociologi, il professor Weber ci ha insegnato che dobbiamo assumere *uno sguardo da nessun luogo*.

Come si può guardare un panorama se non si è ben piantati, sulle proprie gambe, da qualche parte? No, non si può. Allora Weber era matto…

No, no. Weber era perfettamente in sé ed aveva capito che la vera scienza sta nella capacità di riconoscere le proprie opinioni, le proprie influenze, le proprie inclinazioni e cercare di fare in modo che non distorcano la valutazione dei fatti. Bisogna cioè essere in grado di mettere in un angolo i propri pregiudizi.

Facendo ciò, ci accorgiamo che, seppure agli occhi di un teologo, oggi, Calvino appare troppo distante dal Cristianesimo, per poterne ancora fare parte, in effetti va guardato inserendolo nel secolo in cui visse ed elaborò la sua teoria. Se riusciamo a guardare a Giovanni Calvino *da nessun luogo*, vediamo una persona che vuole solo sottrarsi dal senso di colpa che la Chiesa genera nei fedeli. Questo accadeva, secondo me, perché avere potere spirituale sulle anime dà grande potere temporale; una parte "corrotta" della Chiesa ha abusato del sacramento della confessione, usandola invece che per diffondere la consapevolezza della Misericordia Divina, per far sentire in colpa le persone e influenzarne le azioni ed i pensieri.

Calvino, se inserito in questo panorama socio-culturale, allora sembra di poterlo capire. Provava solo a difendersi. Semmai, un giudice potrebbe condannarlo per eccesso di difesa personale. Effettivamente, il fatto di sottrarre, al potere della Chiesa, l'esistenza delle persone semplici, togliendo loro anche la possibilità di riscattare le loro vite, attraverso buone condotte, ha un po' il sapore dell'amputazione preventiva. Come a dire che dopo essere inciampato ed essermi procurato un'abrasione sul ginocchio, adesso conviene amputare l'arto, per evitare la cancrena e la setticemia.

Va anche detto che l'artificio di Calvino ha sortito l'effetto sperato, probabilmente, senza mai per davvero far credere alle persone di non poter accedere a Dio.

Ti è mai successo di non sapere cosa ti succederà? Pensa quando attendi l'esito di un esame: promosso o bocciato? Oppure quando ti sottoponi ad un esame medico: malattia o salute? Ancora, quando aspetti una risposta ad un colloquio di lavoro: assunto o scartato? Sarai d'accordo che l'indeterminazione è gravosissima da sopportare. Ti uccide lentamente e tanto più si protrae tanto più è letale. Chissà se Calvino fu talmente astuto da bluffare. Forse sapeva che l'insostenibile pesantezza dell'indeterminazione non avrebbe mai permesso alle persone di credere veramente in un Dio che se ne frega di noi. Però l'espediente ha sortito gli effetti sperati... Infatti, l'Uomo ha ricominciato a credere nel progresso e ad occuparsi della gestione del Creato, in regime di rettitudine e creatività. Se l'Uomo avesse ritenuto davvero che la condotta in vita non influenza il destino ultraterreno, orde di uomini-animali avrebbero dato libero sfogo ad appetiti ed impulsi inconfessabili. Ma così non è successo. E siccome è andata proprio al contrario, si può affermare che quando l'Uomo percepisce la vicinanza a Dio, esso si accorge di essere *a sua immagine e somiglianza*. Un po' come con i bambini: se dai loro fiducia, considerandoli sempre un pizzico più all'altezza di quanto essi realmente non siano, stimoli il loro sviluppo e maturano prima, scevri da insicurezze. Se invece poni i bambini nella condizione di sentirsi inadatti ed irresponsabili, essi metteranno in atto comportamenti per confermare la "colpevole" mancanza di fiducia dei genitori, giustificandola.

Torniamo alla ricerca di Weber. A questo punto succede qualcosa di particolare perché Weber, sensibile ed intuitivo come pochi altri intellettuali, coglie le sfumature più tenui dell'agire umano e dei suoi relativi significati. Ecco che allora comincia ad intuire cosa accade alle persone: il credente non potendo sapere cosa Dio gli riserva dopo la morte, sprofonda in uno stato di angoscia. Per la verità, a parer mio molto comprensibile.

Come si può vivere pensando che il Dio che mi ha creato ha già deciso se vivrò di beatitudine oppure brucerò all'inferno? Come si può vivere sulle spine in questo modo? È normale fare di tutto per cercare di accedere alla volontà di Dio per conoscere cosa ha deciso del destino di ciascuno. Già... ma come poterlo fare? Nel modo più ovvio (perché tipico dell'uomo) che possiamo immaginare: proiettando su ciò che ci sta attorno, la propria visione delle cose.

Viene definita *antropocentrismo* quella inclinazione dell'Uomo a considerarsi il centro del mondo. Nello specifico del singolo, si definisce egocentrismo e non è altro che la miopia che talvolta le persone hanno nel guardare ai fatti del mondo. Ogni cosa viene interpretata solo rispetto alle proprie esigenze, secondo l'egocentrico. E così il credente che non può accedere alle decisioni di un Dio lontano e imperscrutabile, proietta la propria esistenza su ciò che lui ritiene essere il suo destino ultraterreno. Cioè, pensa che ciò che accade in vita sia specchio di ciò che accadrà nell'aldilà. Conseguenza di questo è che allora si impegna nelle attività mondane con energia e rettitudine, a partire proprio dalla sua attività lavorativa. Ecco quindi che il *beruf* di Lutero, diviene per Calvino *Berufsmensch*, cioè una persona la cui ricerca dell'aldilà passa attraverso il mondano, con attenzione e zelo maniacali. Una persona che arriva ad identificarsi ciecamente con ciò che fa, considerandolo il modo migliore per mettere alla prova la propria struttura morale.

Weber riscontra che il Calvinismo introduce una nuova forma di monachesimo mondano. Weber definisce questo atteggiamento *ascetismo intramondano*. È questa etica, che prende supremamente sul serio i compiti mondani, a determinare quell'impulso a comportarsi rettamente impegnandosi quotidianamente nel proprio lavoro, che si considera un'autentica vocazione di Dio. Il frutto economico del proprio lavoro non è scialato in attività ludiche o moralmente dubbie, bensì reinvestito nella propria attività professionale, al fine di confermare continuamente nel tempo la propria rettitudine e quindi rassicurarsi costantemente circa il proprio futuro dopo la morte.

A ben vedere, sottolinea Weber, alcune altre condizioni hanno favorito la nascita virtuosa del capitalismo: introduzione di metodi razionali di azione imprenditoriale; orientamento alle opportunità di innovazione; tecnologia razionale; contabilità razionale in grado di garantire, nel tempo, la produzione di profitto. Condizioni altrettanto fondamentali, ma a parer mio, sempre derivanti dalla liberazione di quel giogo di negatività che una parte corrotta della Chiesa faceva gravare sugli uomini.

Vanno dette alcune cose, per evitare fraintendimenti pericolosi: Né Dio né Gesù hanno mai detto o fatto nulla che giustifichi questo atteggiamento della Chiesa nei confronti delle attività materiali e dell'innovazione. Gesù, prima di trascorrere 3 anni a diffondere il Nuovo Annuncio, è stato un artigiano. Una persona che con la propria energia e creatività trasforma il Creato in qualcosa che sia utile per l'Uomo.

I 4 Vangeli raccontano in modo diverso la vita e le opere di Gesù; spesso riportano lo stesso episodio, su cui si mette in luce un aspetto piuttosto che un altro. Molte delle parabole riferite a Gesù, sono le stesse. In molte di questi racconti didattici, Gesù usa metafore prese dal mondo del lavoro e mai appare una condanna all'attività che l'Uomo compie per raccogliere i frutti del Creato. Anzi.

Non è l'intento di questo scritto individuare cosa portò a questo fraintendimento, ma voglio, sinteticamente ma non sbrigativamente, affermare che la Chiesa Cattolica cominciò a comprendere che somministrare i sacramenti dava molto potere. Allora probabilmente, la fame di potere terreno, di una parte *molto umana* di sacerdoti, portò, ad esempio, a non voler tradurre in *volgare* i vangeli affinché il popolo non capisse e facesse solo ciò che gli veniva detto, ma anche che si instaurasse una cultura che rendesse lecita la piramide che vedeva, dall'alto verso il basso, primi tra tutti gli *oratores* (il clero), poi i *bellatores* (i soldati), quindi i *laboratores* (contadini ed artigiani). Il clero in questo modo si assicurava non solo di avere il potere, ma di far fare il lavoro *sporco* ai soldati, e di garantirsi il mantenimento con i frutti del lavoro dei contadini. Dio non ha mai chiesto nulla di simile. Mai.

Da questo modo di interpretare il cristianesimo in maniera sbagliata, volto all'ottenimento del proprio tornaconto individuale, nacque la *simonia*: resa possibile da molteplici condizioni socio-economiche, come gli innumerevoli beni terreni di cui la Chiesa cominciò a godere dopo l'editto di Costantino nel 313 DC, si diffuse la pratica di ottenere cariche e poteri clericali attraverso l'utilizzo del denaro. La *simonia* si potrebbe definirla un caso specifico di corruzione. Forse la più antica mai documentata e condannata ufficialmente.

Concludendo, Weber intuisce e poi appura che la volontà di una parte di persone di scrollarsi di dosso questa visione del cristianesimo corrotta e distante da Gesù, ha determinato il liberarsi di energie tali che l'Uomo ha potuto investire nella sua quotidianità. L'Uomo è tornato in contatto con il proprio mandato, la propria vocazione e cioè il *beruf*: ecco com'è nato il capitalismo.

L'incredibile potenza delle parole intraducibili…

4 FEDE, SPERANZA, CARITÀ E TALENTO.
ROMA, OGGI.

Nella I lettera ai Corinzi (1 Cor 13,13) vengono sancite le virtù definite teologali *"Queste dunque le tre cose che rimangono: la fede, la speranza e la carità; ma di tutte più grande è la carità"*.

La fede è la virtù di credere in Dio e suo figlio Gesù; la speranza è l'attesa del trionfo di Dio e la vita eterna; la carità è amare Dio e il nostro prossimo.

Quindi si può affermare che la fede sia collegata con il passato; la speranza con il futuro; la carità con il momento presente.

Il Talento è invece il modo personale ed irripetibile che ha ogni persona di essere, esistere e fare le cose.

Siamo nati per il Talento. Ciascuno ha il suo Talento. Il problema è capire qual è. Ma che ci sia, non v'è dubbio!

Non credo sia una forzatura teologica affermare che *fede* significhi "sentire" veramente di essere ad immagine e somiglianza di Dio; che *speranza* sia rivolta non solo alla vita dopo la morte, ma anche al mondo terreno che può migliorare grazie allo Spirito Santo che opera in noi e che *carità* rappresenti il frutto del Talento che ci è stato dato, speso nel quotidiano.

Il Talento è ciò che ci rende speciali, ciò che ci differenzia dagli altri. La cosa più meravigliosa del Cristianesimo è sapere che Dio ha bisogno delle sue creature. Tutte. Per via del Talento che hanno. Il Talento è quella *marcia in più* che ciascuno di noi ha per fare in modo che il Creato dia frutto: questo è il progetto della creazione di Dio, il quale sarà completo solo attraverso l'impegno degli uomini. Grazie al Talento degli uomini, Dio vedrà completarsi il suo incredibile progetto d'amore rappresentato dalla creazione.

Il Talento altro non è che lo Spirito Santo che opera negli uomini.

Non bisogna però avere una visione limitata dell'Uomo, del Cristianesimo e tanto meno di Dio. Se chiedo a qualcuno di immaginare lo Spirito Santo che opera in un uomo, non vorrei che il mio interlocutore pensasse solo a qualche Santo, asceta e distante dal mondo, perso nella preghiera. Che visione *medievale* della religione cristiana…

Ogni tanto mi crogiolo, in cerca di spunti, davanti al monitor del computer. Mi perdo navigando le acque infinite di Youtube. Qualche giorno fa, ad un certo punto, mi sono imbattuto in un video girato con Cristiano Ronaldo, il calciatore divo che ricorda il *piè veloce* Achille, in quanto a doti fisiche, avvenenza e perché a tutti pare un semidio. Il bomber portoghese è l'attore di un corto girato nel centro di Madrid. Le persone indossano abiti pesanti: sarà stato inverno; di quale anno, chissà. Nella parte iniziale, Ronaldo viene truccato in modo da sembrare uno qualunque, con capelli disordinati, barba lunga e qualche chilo di troppo. Un paio di occhiali scuri completa l'intento, perfettamente perseguito, di renderlo irriconoscibile. A questo punto, Ronaldo, con un pallone sotto braccio ed una sediola, si sistema in una piazza di Madrid. Poi comincia a giocare col pallone: qualche tocco, tre o quattro palleggi. Il piede del finto artista di strada è però magico, lo sanno tutti. Lui continua ad invitare le persone a giocare insieme. Qualcuno, di fretta, lo snobba, qualcun altro gli dedica il tempo giusto per due passaggi ed un sorriso. Il semidio del calcio non viene riconosciuto. L'eroe degli stadi non ha nessuno ad acclamare le sue prodezze, a gran voce. Un bambino, con la sua purezza, gli dedica tutto il tempo che ha. E quando gli ricapita di avere un adulto, così bravo col pallone, che desidera proprio giocare con lui? Immagino quante volte si sia sentito dire da suo padre, che avrebbero giocato più tardi insieme a pallone, ma che quel "più tardi" non sia mai arrivato, o che sia durato troppo poco. Alla fine, il trucco viene svelato. Ronaldo smette parrucca, barba finta ed occhiali scuri. Il bambino è il primo a riconoscerlo, dopo, tutti quanti. Applausi ed urla di approvazione accompagnano un momento classico: Ronaldo autografa il pallone e lo regala al bambino dagli occhi sognanti. Ciò che tutti desiderano, viene concesso all'unico che gli ha dato attenzione.

Un bel filmato, mi sono divertito. Ma soprattutto, ho avuto un'intuizione. Tante volte mi sono domandato quali potessero essere gli oscuri disegni di Dio sugli uomini. Perché qualcuno nasce con un Talento come quello di Ronaldo? Perché lui ed altri hanno questo vantaggio rispetto alla maggior parte di noi? Che senso ha?

Dopo il filmato di Youtube, ho capito.
Il Signore sparge Talenti tra tutti gli uomini, in modo che ciascuno abbia bisogno anche del frutto dei Talenti degli altri. Così il Signore ottiene che gli uomini debbano essere come fratelli, se vogliono vivere bene. Cioè bisogna mettere a disposizione degli altri il proprio Talento. Ronaldo, quando compie quelle prodezze, non può essere lui da solo a fare quelle cose da marziano. Sono certo si tratti dello Spirito Santo. E perché? Ma è ovvio: nella logica di Dio, è molto più appagante dare per amore, piuttosto che essere autosufficienti. Allora alcuni uomini hanno Talenti enormi, affinché guadagnino una montagna di soldi. Dio preferisce che accada così per vedere come questi soldi, ottenuti con un Talento che ovviamente proviene dall'alto, vengano condivisi, come vengano fatti fruttare per chi non ne ha. Dio vuole vedere se l'Uomo ricambia il suo amore per lui e, riconoscendo la sua finitezza, attribuisce l'origine dei suoi Talenti a Dio, senza prendersene i meriti, più di quanto non sia giusto. Insomma, ciascuno di noi ha un Talento. A qualcuno viene affidato un Talento enorme. Questo perché sia da esempio, per tutti: usate in terra il vostro Talento, fatelo fruttare e condividete il molto che avete, con chi ha poco. Se ciascuno avesse in misura uguale agli altri e sufficiente a tutti i suoi bisogni, credo regnerebbe la solitudine ed il

silenzio. Invece per essere felici abbiamo bisogno di condividere. Per essere completi abbiamo bisogno di condividere. Per vivere bene, dobbiamo usare il Talento che ci ispira lo Spirito Santo e metterne a disposizione i frutti.

5 SINDROME RANCOROSA DEL BENEFICATO.
HIDELBERG (DE), 1904.

Weber pubblica la sua ricerca *L'etica protestante e lo spirito del capitalismo* sulla rivista, di cui è co-direttore, in due numeri successivi, nel 1904. A proposito di pubblicazioni, forse Max avrebbe apprezzato il testo intitolato *La sindrome rancorosa del beneficato*, scritto dalla psicoterapeuta M. Rita Parsi. Non so dire se Weber fosse una persona di spirito e magari anche autoironica; le persone molto intelligenti di solito lo sono, tuttavia lui ebbe esperienze di dolore emotivo molto lunghe ed intense, quindi forse non aveva voglia di scherzare. Ma, da dove è ora, sono sicuro non la prenderà come mancanza di rispetto se ci intratteniamo con qualche scherzo, ironizzando sul frutto del suo lavoro.

La sindrome rancorosa del beneficato è un testo di divulgazione scientifica che affronta il tema dell'ingratitudine, analizzando i meccanismi che legano chi dona e chi riceve. Usando le stesse parole della Parsi, *la sindrome è la reazione che molte persone hanno quando, dopo aver ricevuto dei benefici di varia natura (economici, affettivi, di sostegno in momenti di grave difficoltà), hanno un rifiuto per la "dipendenza" che hanno dal loro benefattore. E quindi fanno pagare al benefattore la loro situazione di dipendenza, di senso di inferiorità di fronte alla capacità del benefattore di aiutarli, facendo prevalere il bisogno di dire "io non debbo niente a nessuno".*

Io credo che se Weber fosse stato ironico, avrebbe trovato divertente diagnosticare questa sindrome al capitalismo moderno. Dico questo perché lui stesso conclude la ricerca, nella seconda uscita della sua rivista dedicata a questo studio, freddando il lettore con questa affermazione: «*il puritano* voleva *essere un* Berufsmensch [*un individuo tutt'uno con la sua professione*]. *Noi* siamo costretti ad *esserlo*».

Dopo che le persone hanno messo tutta la loro energia, la loro creatività, le loro aspettative, le loro paure, i loro soldi, il capitalismo, oramai cresciuto e sviluppato, non sopporta questa dipendenza dagli Uomini. È troppo grande il patrimonio etico, emotivo e razionale che l'Uomo ha investito nella cura del Creato, dando vita al capitalismo, perché quest'ultimo non senta il peso eccessivo di questo dono. L'Uomo non voleva nulla in cambio: agire in questo modo, abbiamo compreso grazie a Weber, era già la sua ricompensa. Eppure il capitalismo si è sentito dipendente, come effettivamente era. E non ce l'ha fatta. Come ogni adolescente che appena acquista un pezzetto di maturità, desidera l'indipendenza dai propri genitori, così il capitalismo ha voluto rinnegare le proprie origini. Voleva bastare a se stesso. Essere autonomo, non dipendere dall'etica degli uomini. Così accade che tutte quelle pratiche che sembravano volontarie, divengano imposte agli individui per colpa della necessità di sopravvivere, sia degli imprenditori che dei dipendenti. La concorrenza costringe ciascuno ad essere: energico, creativo, innovativo, razionale, tuttavia non si può essere tutte queste cose se non lo si desidera ardentemente. Ma il capitalismo pretende ugualmente queste cose, al di là dall'etica umana, come ricerca spasmodica ed ossessiva della massimizzazione delle opportunità e delle risorse. Il capitalismo riesce ad imporre questo rovesciamento di ruoli, ottenendo di evolvere la sua esistenza da strumento per la realizzazione del Talento umano al servizio della gestione del Creato, ad organismo autosufficiente, che accoglie al suo interno esclusivamente solo chi contribuisce al raggiungimento del suo desiderio, egoistico ed autistico, di sussistenza.

Ecco perché mi diverte pensare che ad un certo punto il capitalismo abbia contratto la sindrome che la Parsi descrive. E ancora di più, mi diverte immaginare Weber che applica la teoria della psicoterapeuta alla sua ricerca, ridendo delle disgrazie, tanto per esorcizzarle.

Sindrome o non sindrome, questa involuzione del capitalismo è proprio una disgrazia! Il genio di Max ha intuito e verificato le condizioni sociali che hanno determinato il fenomeno del capitalismo. Ma ha anche compreso che ciò che ha reso possibile la nascita del capitalismo, paradossalmente, non solo non serve al suo mantenimento, ma addirittura ne diviene ostacolo. L'etica ostacola l'economia capitalistica contemporanea. Questo è un fatto!

Tornerei per qualche secondo alle argomentazioni de *La Gallina di Pericle*: spesso andiamo al cinema a vedere apocalittiche produzioni cinematografiche che narrano, arricchite da ultrarealistici effetti speciali, di macchine computerizzate che spodestano il predominio dell'uomo sul pianeta, annientandolo o al meglio schiavizzandolo per i propri scopi. Oltre alla metafora della paura dell'uomo per la tecnologia, così invasiva, e le relative resistenze al cambiamento, io ci ho sempre letto anche il fatto che il sistema economico ci è sfuggito di mano e adesso vive di vita propria. Le immagini di quei film che riportano un pianeta distrutto, snaturato e disumanizzato dalle macchine non sono posi così distanti dagli effetti di questo capitalismo, svuotato dell'etica.

Ma, dicevo, tornando al mio libro precedente, il vero problema non è togliere l'etica, perché quella torna sempre fuori, essendo connaturata nell'Uomo. Affinché il borioso capitalismo possa riuscire nell'arrogante impresa di bastare a se stesso, è sufficiente togliere agli uomini la Sovranità Monetaria, e conferirla ai suoi luogotenenti (i banchieri). Il capitalismo non sarebbe mai potuto riuscire da solo a fare questo, invece l'Uomo, potendo, ha deciso di farlo, immolandosi sull'altare del dio Mammona.

E il gioco è fatto: il capitalismo rinnega l'Uomo, l'Uomo rinnega se stesso. La peggiore delle disgrazie…

Ecco perché conviene conoscere per cambiare; riflettere per non commettere gli stessi errori, ma anche riderci su e sdrammatizzare, che col sorriso riesce tutto meglio!

6 ALCUNE DOMANDE, MOLTE GIUSTIFICAZIONI, UNA RISPOSTA. ROMA, OGGI.

Cosa posso fare? Come faccio a sapere che è giusto? Chi mi aiuterà?

Tanto io non conto nulla...; ci vorrebbero tanti soldi...; vorrei tanto fare qualcosa, ma con i figli, il lavoro, sai, non ho tempo...; è tutta colpa degli immigrati...

Fa quello che ti viene di fare, che poi è pure la cosa che fai meglio!

Ho parlato di Nash per spiegare come le dinamiche dominanti portino l'Uomo alla sua rovina; ho parlato dell'origine del capitalismo, affinché non si tema l'etica nell'economia, piuttosto la si ricerchi.

Sono solo due esempi, ma a me sembrano piuttosto significativi. Forse da principio appare, quanto meno, inconsueto sovrapporre il matematico John al sociologo Max, ma datevi tempo e riflettete: non sembra altrettanto strano aprire una focaccia, farcirla con del fragrante prosciutto appena affettato e poi appoggiarvi sopra spicchi di fico? Che dire poi di far colare del miele di acacia sopra un pecorino stagionato? Sembra folle... Non ditemi che vi sembra normale riempire una brioche con della granita di gelso!

Se non siete impazziti a tavola, almeno una volta, provando ad abbinare sapori apparentemente inconciliabili, non siete dei buongustai... vi siete persi il meglio!

Se prendi Weber e lo completi con Nash, ottieni un sapore sublime. Ve l'ho detto: il Signore ha dato un Talento a me ed uno a te, perché siccome l'uno senza l'altro non servono a molto, desidera che io e te ci mettiamo insieme a fare le cose...

Se cucini una pasta sfoglia di *Beruf* e poi la condisci con dell'*equilibrio di Nash*, puoi deliziarti il palato; Inoltre questa ricetta, è indicata per capire cosa puoi fare tu, per far andare meglio le cose, per sentirti meglio con te stesso.

Tutti noi nasciamo con delle prerogative fisiche e mentali. Ci viene facile fare una cosa piuttosto che un'altra. Neurobiologicamente, le varie aree funzionali del cervello hanno la tendenza a disporre sinapsi e reti neuronali in uno specifico modo, piuttosto che in tutti gli altri. Insomma, nasciamo con del Talento, si dice. C'è però una distorsione a riguardo: normalmente siamo portati a pensare che il Talento ce lo abbia solo qualche fortunato. Non è così! Siccome il Talento è un modo privilegiato e spontaneo che ha l'individuo di pensare e di fare, va da sé che esso è in dotazione a ciascuno di noi.

È però sotto gli occhi di tutti che i livelli di Talento sono diversi tra le persone; questo genera la falsa credenza che solo alcuni abbiano Talento. Ma questo è normale. Esistono statistiche che rappresentano come questa antidemocratica distribuzione dei livelli di Talenti sia normale: ad esempio, i grafici di distribuzione casistica come quello della curva di Carl Friedrich Gauss, che rappresenta la probabilità con la quale si verificano dei fenomeni. Questa curva, denominata "normale", è famosa anche perché ha quel familiare aspetto campanulare che la rende così riconoscibile rispetto a tutti gli altri grafici. Gauss, dopo qualche miliardo di prove empiriche, non si è spazientito ma ha riassunto tutti i suoi calcoli in un unico grafico. Questa sua linea curva, disegnata sui piani cartesiani, riesce efficacemente a descrivere che la maggior parte delle cose che succedono, rientrano numericamente in una quantità specifica. Cioè, la probabilità che si verifichi un determinato fenomeno, e quanto questo sia distante dalla *media* dei fenomeni, è calcolabile attraverso specifiche formule matematiche. Allora scopriamo che la maggior parte delle cose che accadono rientrano nella parte centrale di questa curva, cioè si distribuiscono attorno alla linea centrale che rappresenta i valori medi. Solo nelle parti laterali, più distanti sia a destra che a sinistra di questa linea centrale, compaiono valori abbastanza difformi dalla media, da essere degni di nota.

Ma sono rari, rarissimi. La probabilità che si verifichi un evento simile è percentualmente minoritaria. Tradotto nei termini di questo scritto: ciascuno ha Talento; ognuno possiede almeno un Talento in un qualsiasi campo di applicazione; il suo livello di Talento, probabilmente, per la maggior parte delle volte ha un valore che si aggira attorno al valore medio. Insomma, a parte qualche caso isolato, per la stragrande maggioranza delle volte le persone riescono a fare le cose in modo simile. Qualcuno ha livelli particolari di Talento e questa sua rarità ci fa ritenere che sia maggiormente prezioso il suo piuttosto che quello degli altri. Anche questa è una distorsione; è un falso.

Se i "campioni", in ogni ambito di applicazione, avessero Talenti maggiormente preziosi di quelli definiti normali, allora non sarebbe vero che le dinamiche dominanti determinano condizioni di *impasse*, perché ci sarebbe sempre qualcuno, seppure raro, in grado di scegliere per il meglio. Invece, tra le persone, nelle moderne società dette civili, è diffusa la credenza, sbagliata e pericolosa, che effettivamente un singolo sia in grado di scegliere il meglio per sé, senza consultare gli altri, senza considerare congiuntamente anche il tornaconto degli altri.

I "campioni" esistono. Nello sport, nella musica, nella pittura, nel canto, nel cucinare, nel disegnare; ovunque ed in ogni campo. Le loro azioni sono una meraviglia, è vero. Ma il loro Talento non vale più del nostro, persone normali. In questo caso torna comoda la distinzione tra costo e valore: i campioni, di solito, sono persone che capitalizzano molto le loro azioni. Questo accade non perché *valgono* di più, ma solo perché, essendo rare, *costano* di più. Ma ne *La Gallina Di Pericle*, più di una volta, si è detto quanto sia necessario che i sistemi sociali individuino e sperimentino stratagemmi per compensare le distorsioni che, ogni giorno in tutto il mondo, si verificano per colpa della differenza incompresa tra valore e costo.

A me viene spontaneo fare/pensare così, fin dalla nascita.

Avrete sicuramente detto e pensato qualcosa di simile, almeno una volta nella vita. Ne sono sicuro. Ebbene, da quella constatazione, da quella autoanalisi bisogna partire per individuare il proprio Talento. Poi bisogna metterlo a frutto. È lì che si trova il *valore*, che non necessariamente corrisponde ad un *costo*. Ma gli Uomini hanno bisogno di *valore* per vivere e non di denaro (il paradosso del valore).

Ci sono delle persone, ad esempio, cui viene naturale percepire i disagi degli altri. Riescono quindi a dire la parola giusta al momento giusto, e fanno tornare i sorrisi, o quantomeno, rassicurano un po' le persone. Nessuno si sogna di dare un prezzo a questi gesti. Buona parte del loro valore è proprio che non hanno costo. Le persone che fanno gesti simili, con naturalezza, non sono chissà quali campioni di Talento. Eppure, ciascuno ha provato nella vita cosa significa incontrare una persona empatica, che ti fa sentire la sua vicinanza. Che valore enorme!

A Napoli c'è un detto: *ogni scarafone è bello a mamma soja*. Significa che ogni scarafaggio è visto come bello da sua madre. Questa metafora colorita di una dinamica affettiva che conosciamo bene, è in grado di rappresentare efficacemente ciò che significa usare il Talento: l'affetto di una madre per i suoi figli è una cosa che rientra nella più assoluta normalità statistica. Quindi il Talento di una madre è molto lontano da picchi di intensità artistica di *Ludwig van Beethoven*, dico per dire, eppure puoi fare a meno per tutta la vita di ascoltare *Per Elisa* e condurre comunque un'esistenza felice e dignitosa, tuttavia non puoi fare a meno dell'affetto della mamma.

Dopo aver letto *La Gallina Di Pericle*, ti sei chiesto, nel tuo piccolo, tu cosa puoi fare? Usa il Talento che ti ha dato Dio. Niente di più facile, nulla di più appagante. Non c'è niente di più efficace.

Alcune volte il Talento viene anche definito *carisma*. Questo termine evoca maggiormente l'origine divina del nostro *saper fare*.

Pietro scrive *"Ciascuno metta al servizio degli altri il dono che ha ricevuto, come buoni amministratori della multiforme grazia di Dio"* (1 Pt 4, 10).

Nell'accezione cristiana, il termine *carisma*, significa salvezza. Un po' come se avere dei doni dal Signore sia già sinonimo di salvezza, se li si usa mettendoli a disposizione. Infatti la salvezza che Dio opera per noi, non è un appannaggio del singolo, bensì va considerata una fonte di *grazie*. Si può, in definitiva, affermare che si riceve il *carisma* affinché si sia in grado, a nostra volta, di *dare*.

È importante comprendere quale Talento Dio ci ha dato. A volte è molto evidente. La maggior parte, invece, no. Ma c'è un motivo.

7 È ARRIVATA SARA.
ROMA, 26 APRILE 2009.

Domenica 26 aprile 2009 mia moglie mi sveglia dicendomi: "Ci siamo!". Scatto in piedi ed in un baleno indosso i primi capi che ho a tiro. Ancora non sono emozionato, ma tra poco, penso, sarò sopraffatto: sta per nascere! Avevamo deciso, durante le varie ecografie di controllo lungo tutta la gravidanza, di non sapere il sesso del nostro bimbo. Volevamo la sorpresa! Arrivammo veloci veloci all'ospedale, ma dovemmo ridimensionare il nostro giubilo. Niente da fare, dicono le infermiere, non c'è dilatazione. Però le contrazioni, quelle sì! Tornate nel pomeriggio... Finalmente, verso le 17, mia moglie viene ricoverata. A quel punto la mia emotività diviene incontrollabile. Sapendo qual'è il mio tallone d'Achille, avevamo deciso che io non avrei assistito al parto. Ma il destino, per fortuna, ha molta più intraprendenza di noi, così quando l'infermiera mi offre gli abiti *usa-e-getta* da indossare per entrare con mia moglie, lei mi guarda con il terrore negli occhi ed io imbambolato, come un automa, non mi oppongo. Dopo diverse ore di dolori di mia moglie, mi viene fame. Esco un attimo e mangio una pizza che i miei famigliari, raccolti per il lieto evento, mi hanno portato. Torno in corsia qualche minuto dopo e trovo Veronica seduta su una enorme palla di gomma che urla in modo teatrale per il dolore e cerca di roteare il bacino: dicono che vocalizzare aiuti a dissipare l'energia negativa del dolore, e i movimenti aiutano il parto.

Come ogni padre, vivo il mio momento di assoluta impotenza. Mi sento l'uomo più inutile del mondo. Veronica ha un problema alle vertebre lombari e i medici non si assumono la responsabilità di applicare l'anestesia epidurale. A Veronica toccano tutti i dolori del caso e me l'impotenza. Passano altre lunghe ore, è notte fonda. Ma a nascere, quel bimbo non ci pensa proprio. Visto che sono frastornato dall'ansia e dalla frustrazione dell'impotenza, penso. Cerco di non pensare alle complicazioni che talvolta si verificano durante i travagli, così parlo con Dio e gli chiedo inizialmente di proteggere moglie e figlio. Poi comincio a chiedergli il perché di tale travaglio... Vado indietro con la memoria e ripasso velocemente nove mesi di attesa. Al di là dei motivi biologici, non capisco neanche come mai il Signore abbia predisposto un'attesa che dura quasi un anno. Piano piano, ad un certo punto, una testolina comincia a fare capolino. Tra poco sarà l'alba. Dodici ore di sofferenza. Oramai è fatta: due spinte energiche e il nostro piccolo è fuori. Scopro che è una femmina; la chiameremo Sara. Un'infermiera mi propone di tagliare il cordone e di farle il bagnetto, ma ho le gambe che tremano e con un filo di voce le dico che lei è sicuramente più brava di me. Assisto con un sorriso ebete alle operazioni. Mia moglie sembra rinata. In un attimo scorda tutto. Solo tanta felicità: è arrivata Sara. Mentre suturano Veronica, operazione che richiede un'altra ora, io sono seduto lì vicino con un fagotto di meno di 3 chili in braccio, avvolto in un asciugamano bianco. Sara mi guarda, ma so che non mi vede. Fa dei movimenti, dolci. L'assecondo. In un attimo capisco il perché di tanta attesa e tanto dolore: se, dopo il concepimento, mi avessero messo in braccio Sara, non avrei avuto per lei lo stesso attaccamento che ho in questo momento. Se non lotti per le tue cose, non le apprezzi. Non dai loro valore. Che poi è anche il motivo per cui, si dice, i soldi non fanno la felicità. Con tanti soldi, puoi comprare ciò che desideri, ma non gli dai valore. Invece lottando e desiderando qualcosa, questa acquista valore, e non ha prezzo.

Adesso so anche che Dio, quando ha deciso di farci compartecipi della Creazione, ha disposto le cose in modo che fossero difficili perché potessimo amare ciò che ci ha donato. La terra non offre sempre i suoi frutti spontaneamente. Dobbiamo coltivarla, con fatica e dedizione. E attendere pazientemente che la natura faccia il suo corso. Allo stesso modo che, si diceva ne *La Gallina di Pericle*, c'è differenza tra energia in potenza ed in atto, Dio ha voluto che ci spremessimo il cervello per capire come sfruttare al meglio l'energia di cui è zeppo il pianeta, ma che non è immediatamente disponibile.

Ecco perché per la maggior parte delle volte il Talento non è immediatamente "disponibile": perché faticare per scoprirlo e poi metterlo in atto, ci dà grande gioia. Come quando è arrivata Sara.

8 IL MEGLIO È NEMICO DEL BENE.
ROMA, OGGI.

Il problema, quindi, non è se abbiamo o no Talento; il problema non è neanche come scoprirlo: con pazienza e dedizione, certamente il Talento viene scoperto. Il vero ostacolo, difficilissimo da superare, è consentire che venga fuori, che fluisca. E poi metterlo a disposizione. Dai racconti della ricerca di Weber sembrerebbe che seguire le inclinazioni del *beruf* venga naturale. Effettivamente seguirle dà grande piacere all'uomo. Ma non è poi così facile abbandonarsi al *beruf*.

Il Signore, al momento della creazione, ci ha immaginato, così come siamo, per un motivo ben specifico. Quindi ha predisposto lo Spirito Santo affinché potessimo avere Talento. Ma il vero amore lascia liberi. E Dio è vero amore, così ha lasciato che l'Uomo fosse libero anche di rinnegarlo. Non solo. L'Uomo è libero di fare ciò che vuole. Così capita che presi dalle mode, dalle culture, dall'arroganza, dal narcisismo, dalla fame di potere e beni materiali, ci si costruisca delle mete da raggiungere che non sono ciò per cui siamo stati creati. In rari casi, casualmente, per raggiungerle si adottano i Talenti che abbiamo. Ma ci si può accorgere facilmente del fraintendimento, misurando il nostro livello di soddisfazione personale. Se ho sempre *fame* di qualcosa, vuol dire che la mia anima è vuota.

Nella quasi totalità dei casi, perseguire mete che ci siamo cuciti addosso per motivi che non sono riconducibili alle ispirazioni dello Spirito Santo, è possibile solo non impiegando i Talenti *veri* che abbiamo. Bensì solo consumando le nostre energie positive ed usando la razionalità, senza l'anima. Esattamente come il capitalismo che impiega tutta la razionalità del mondo per perseguire scopi diversi da quelli per cui è nato, e non usa per nulla l'anima (etica).

È molto difficile fare silenzio, dentro di noi. Ma senza quel silenzio, non possiamo ascoltare la voce dello Spirito Santo che ci consiglia cosa fare.

Da grande farò l'ingegnere. Sono spinto dal quel senso di vanità che consegue all'essere riconosciuto come professionista. Godo enormemente quando mi chiamano Ingegner *ilmionome*. Effettivamente non ho il pallino dell'ingegneria, così possono succedere solo 2 cose. O mi areno durante gli studi universitari, impiegando il doppio del tempo previsto, creando solo ansia, frustrazione ed inutile spreco di denaro, per me stesso ed per tutti i miei cari; oppure la razionalità e la memoria mi salvano durante gli esami. Ma poi quando si tratta di applicare il nozionismo, non sono per nulla portato a quell'attività. Quindi sarò frustrato, sentirò che vivo la vita di un altro, e magari faccio pure danni.

Ma, come dicevo, è normale che non si capisca subito qual è il proprio Talento. Inoltre, a questa congenita difficoltà, si uniscono tutte quelle influenze sociali che ci depistano, rendendo il compito di individuare ed applicare il Talento. praticamente impossibile. Ad esempio, i genitori che vogliono vedermi avvocato. Oppure il fascino dello status del *medico*, oppure il denaro ed il potere di avere cariche politiche. Mamma mia, quante distrazioni! Quante tentazioni! Il parto del nostro Talento è certamente il più doloroso che esista, soprattutto perché il più delle volte facciamo di tutto per negare di farlo nascere, affermando che sia già nato.

La chiave di tutto è sapere dove concentrare gli sforzi. Avere il coraggio di affrontare la scoperta che non sempre la vita che ci dà gioia è quella che perseguiamo con tutte le forze. A parziale discolpa di queste resistenze che opponiamo alle ispirazioni dello Spirito Santo c'è il fatto, rilevato da Weber, che ad un certo punto, il capitalismo ci *ha obbligato* ad essere in un certo modo. Spendiamo la maggior parte della vita ad essere qualcosa che non siamo per vincere la competizione del mondo dell'economia, per procurarci il sostentamento. È vero. Succede... È difficilissimo affrancarsi da questo. Ma continuare a pensare che l'economia significa competizione, significa continuare a *dare* il Nobel a Nash e, però, vanificare tutti i suoi illuminanti studi. *Condividendo* superiamo la competizione, e possiamo tornare a mettere a frutto i nostri Talenti, con soddisfazione.

Il nostro cammino, attraverso il Talento, guidati dallo Spirito Santo, si svela man mano, strada facendo. Ci accorgiamo che è molto diverso da quello che desideravamo e perseguivamo all'inizio. Siamo troppo attaccati all'immagine artefatta della nostra perfezione: è questo ciò che ci ostacola maggiormente nello scoprire il nostro Talento. La domanda è: come riuscire ad ascoltare i suggerimenti tenui ma implacabili dello Spirito Santo? La grazia di Dio ci ispira continuamente con delle sollecitazioni interiori. Le puoi riconoscere perché sono come dei moti istintivi dell'animo. In fondo, nel profondo del cuore, sappiamo cosa dobbiamo fare. In questo modo Dio ci fa sapere cosa dobbiamo fare per contribuire alla Creazione. Nello stesso momento il Signore ci dà anche la forza necessaria per compiere ciò che siamo. Ma dobbiamo acconsentire, perché Dio ci ama e ci lascia liberi. È tanto difficile però abbandonare la nostra immagine di vana gloria. Ma John e Max ce lo hanno spiegato: essere egoisti e non seguire i propri Talenti ci porta inesorabilmente alla nostra rovina.

Nel film eccezionale *Ogni Maledetta Domenica*, in cui Al Pacino impersona un coach di una squadra di football negli USA, durante l'intervallo della partita più importante della stagione, c'è un momento di grande cinema, ma anche di grande saggezza. La squadra di Al Pacino sta perdendo. Sta a lui motivare i ragazzi. Sta a lui far emergere il loro Talento. Il monologo che propone è tra i più toccanti. È una scena che mi emoziona ogni volta che la riguardo, è davvero eccezionale:

Non so cosa dirvi, davvero.

Tre minuti alla nostra più difficile sfida professionale.

Tutto si decide oggi.

Ora noi o risorgiamo come squadra o cederemo un centimetro alla volta, uno schema dopo l'altro, fino alla disfatta.

Siamo all'inferno adesso, signori miei, credetemi, e possiamo rimanerci, farci prendere a schiaffi, oppure aprirci la strada lottando verso la luce. Possiamo scalare le pareti dell'inferno un centimetro alla volta.

Io però non posso farlo per voi, sono troppo vecchio. Mi guardo intorno, vedo i vostri giovani volti e penso: "certo che ho commesso tutti gli errori che un uomo di mezza età possa fare". Si perché io ho sperperato tutti i miei soldi, che ci crediate o no, ho cacciato via tutti quelli che mi volevano bene e da qualche anno mi da anche fastidio la faccia che vedo allo specchio.

Sapete, con il tempo, con l'età, tante cose ci vengono tolte, ma questo fa parte della vita, però tu lo impari solo quando quelle cose le incominci a perdere e scopri che la vita è' una questione di centimetri e così è il football.

Perché in entrambi questi giochi, la vita e il football, il margine di errore e' ridottissimo, capitelo, mezzo passo fatto in anticipo o in ritardo e voi non ce la fate, mezzo secondo troppo veloci o troppo lenti e voi mancate la presa.

Ma i centimetri che ci servono sono dappertutto, sono intorno a noi, ce ne sono in ogni break della partita, in ogni minuto, ad ogni secondo.

In questa squadra si combatte per un centimetro, in questa squadra massacriamo di fatica noi stessi e tutti quelli intorno a noi per un centimetro. Ci difendiamo con le unghie e con i denti per un centimetro. Perché sappiamo che quando andremo a sommare tutti quei centimetri, il totale allora farà la differenza tra la vittoria e la sconfitta. La differenza fra vivere e morire.

E voglio dirvi una cosa, in ogni scontro è colui il quale è disposto a morire che guadagnerà un centimetro. E io so che se potrò avere un'esistenza appagante sarà perché sono disposto ancora a battermi e a morire per quel centimetro. La nostra vita è tutto lì, in questo consiste. È in quei dieci centimetri davanti alla faccia.

Ma io non posso obbligarvi a lottare. Dovete guardare il compagno che avete accanto, guardarlo negli occhi. Io scommetto che ci vedrete un uomo determinato a guadagnare terreno con voi, che ci vedrete un uomo che si sacrificherà volentieri per questa squadra, consapevole del fatto che voi farete lo stesso per lui. Questo è essere una squadra, signori miei.

Perciò o noi risorgiamo adesso come collettivo o saremo annientati individualmente. È il football ragazzi, è tutto qui. Allora, che cosa volete fare?

Si soccombe da soli, oppure si vince insieme. Talento e condivisione. Weber e Nash. È tutto qui.

Il nostro *meglio*, non fa altro che farci male. Il nostro egoistico tornaconto non è affatto migliore del bene comune. Dobbiamo capirlo, una volta per tutte!

Se siamo onesti con noi stessi, ci rendiamo conto di quante volte le nostre scelte sono state condizionate dal desiderio che abbiamo nel cuore di essere riconosciuti. Di essere acclamati. Per amore, per lavoro, nello sport. Dai genitori, da una donna, da un uomo, da un insegnante. Siamo alla ricerca di conferme che il progetto su di noi, che ci siamo prefigurati, sia realizzato ed incontri il gusto di tutti.

E così perdiamo tempo, non occupandoci invece del nostro Talento.

Avendo troppo rumore attorno, non abbiamo percepito le ispirazioni dello Spirito Santo, le uniche in grado di farci realizzare come esseri umani, le uniche in grado di assicurarci soddisfazione e serenità. Queste ispirazioni sono di valore inestimabile, per ciascuno, anche perché ci permettono di comprendere quale livello di impegno richiedono i diversi appuntamenti quotidiani. Senza questa bussola, rischiamo di sottovalutare alcune vicende oppure di dare un'importanza eccessiva ad altre. Saper dare il giusto livello di importanza e priorità alle cose, ci eviterebbe un sacco di errori, pensateci...

A Dio piace che noi tendiamo alla perfezione, attraverso le sue ispirazioni; tuttavia Dio non credo sia interessato alla conformità esteriore ad un ideale. A Dio interessa maggiormente la nostra fedeltà interiore alle sue ispirazioni. Un giorno, se ricordate, infatti, Gesù dialogando con i farisei, li mette in guardia dall'occuparsi solo dei "saluti in piazza", lasciando il cuore arido e sterile. Piuttosto è molto meglio peccare di forma, ma amare il prossimo.

9 UNO SGUARDO LUMINOSO.
MONTE TERMINILLO (RI), 20 AGOSTO 2013.

Ogni volta che partono, sto male. Sono fatto così. Poi mi passa e non vedo l'ora che tornino. Mia figlia ad agosto, di solito, con la mamma, va a trovare la nonna materna. Una settimana, a volte di più. Il lato positivo c'è in ogni situazione ed, in questo caso, è che mi dedico alla mia grande passione: la montagna. Ogni anno scelgo un itinerario tra le montagne del Lazio e nei giorni di solitudine, mi avventuro in queste escursioni. Le montagne del Lazio non hanno la bellezza delle Alpi, è vero. Ma sono molto più intriganti di quanto non si immagini. E poi posso permettermi solo questo, per cui, in ogni caso, mi accontento. Ogni estate, inoltre mi piace inerpicarmi fino alla cima del monte Terminillo, come fosse un rito tradizionale. Sono legato a quel posto. Non so perché. Mi dà gioia andarci. Forse, è una metafora: è la cima più alta della regione, con i suoi 2217 metri di altezza sul livello del mare.

Da adolescente mi colpirono le parole di Guido Rey, alpinista Torinese dell'800: *"Io credetti, e credo, la lotta coll'Alpe utile come un lavoro, nobile come un'arte, bella come una fede"*.

In fondo, si va in montagna per questi motivi, non altri!

La disoccupazione mi affligge anche in quest'agosto 2013. Ho bisogno della lotta coll'Alpe. Ho bisogno di una sfida con cui misurarmi, uno sforzo in cui riconoscermi. Le mie donne sono via; decido allora di muovere alla volta del Monte Terminillo. Ho dentro un'inquietudine paurosa. Direi, ansia. Agosto è un brutto mese, se sei disoccupato. Perché non trovi lavoro già normalmente, figuriamoci ad agosto. Così mi macero dentro, nell'attesa del rientro dalle ferie (di chi lavora), affinché si possano presentare nuovamente delle opportunità per me.

Vado al Terminillo ed eseguo l'ascesa come una preghiera. Sotto la croce posta in cima, mi siedo. Lo sforzo e la ricerca di spiritualità hanno dissipato quel fastidioso cortocircuitare di energie nel mio cuore che mi porta lontano dalla serenità. Mi godo il panorama, mi godo la soddisfazione di avercela fatta, ancora una volta. Mi godo la calma ritrovata. Fra poco mi toccherà scendere da quassù: mi coglie un attimo di tristezza. Sono qui, ora; e rinvio ogni altra sensazione a dopo. In cima ad una montagna ti senti vicino a Dio. Ti senti in pace col mondo. Le cose, dall'alto, appaiono per ciò che realmente sono e puoi ridimensionare ogni cosa, rapportandola a ciascuna delle altre, godendo di una visione d'insieme. L'aria fresca, il silenzio e profumi di erbe rare completano la cornice paradisiaca. L'inferno, per me, è l'esatto opposto: il caldo, l'aria afosa, il chiasso, insomma le spiagge, in estate.

Arriva il momento di tornare e, gonfio di piacere, scendo dal Monte Terminillo. La strada del valico conduce verso nord a Leonessa, attraverso una valle angusta con pendii pronunciati, verso sud a Rieti attraverso vallate ampie dai pendii più dolci. Sia verso nord che verso sud, per molti chilometri, fin quasi a fondo valle, il segnale radio produce solo un brusio sommesso e confuso. Se non hai il lettore CD, in auto, ti tocca il rumore del frenomotore. Scendo dal versante sud, sono concentrato sulla guida, ma perso nei miei pensieri. Accendo la radio, con un gesto meccanico. Neanche l'ascolto: sono troppo assorto e rilassato. Il brusio indistinto di una radio non sintonizzata è in grado di ipnotizzarti... Per queste ragioni, non spengo. Rimane accesa, rimane il brusio, e il software dell'autoradio ricerca automaticamente, ma invano, per molti minuti, stazioni da ricevere.

Ad un certo punto, una voce di ragazza esce dai diffusori.

Rimango perplesso, l'ascolto. Non canta, parla. Racconta di sé. Non sembra recente. Ma lei certamente è molto giovane. Ha un modo di parlare che mi cattura, mi affascina. È dolce, ma decisa. Parla un linguaggio semplice, non artefatto, ma preciso, chiaro.

La voce dello speaker spiega che si tratta di registrazioni risalenti alla fine degli anni '80. Si tratta della voce auto registrata di Chiara Badano. Una ragazza ligure adolescente.

Torna la sua voce; sono sempre più curioso. Ma non si tratta solo di curiosità. Sono attratto. Sedotto. Provo piacere a sentirla parlare. Voglio capire chi è, perché viene fatta una trasmissione su di lei.

Man mano che passa il tempo, riesco a ricostruire una parte del puzzle. Almeno comincio a capirci qualcosa. Normalmente, dopo essermi rigenerato in montagna, avrei fatto di tutto per rallentare il mio rientro in città. Questa volta non vedo l'ora di arrivare: penso che accenderò subito il pc e attraverso internet approfondirò chi è questa ragazza.

Entro la sera, so quasi tutto di lei. La chiamano Chiara *Luce*. Dopo averla dichiarata venerabile nel luglio del 2008, la Chiesa indaga su un miracolo a lei attribuito e la dichiara beata il 25 settembre 2010.

Esistono alcuni libri che descrivono la sua vita; il giorno dopo compro quello che mi pare il più completo: si intitola *Uno Sguardo Luminoso*. Mi perdo nella sua vita e mi commuovo. In quel momento comincio il mio personale percorso nell'imparare a mettere da parte me stesso ed accogliere le ispirazioni dello Spirito Santo, affinché io possa utilizzare i miei Talenti e sentirmi utile, soddisfatto, felice.

Chiara nasce nel 1971. I suoi non riescono ad avere figli per molti anni. Poi un giorno avviene il concepimento e Chiara viene consacrata a Maria, in segno di gratitudine. Fin da piccola dimostra una straordinaria attenzione per gli altri. Cresce con Gesù nel cuore e il movimento dei *focolarini*, di cui fa parte, completa la sua educazione religiosa. Ama correre, adora andare in bicicletta, fa molto sport all'aria aperta, quando può. Un giorno, mentre gioca a tennis, avverte un dolore ad una spalla. Il dolore è tale da lasciarla senza fiato, ma soprattutto farle decidere, insieme ai genitori, di consultare un medico. Qualche settimana più tardi, nell'inverno del 1989 viene ricoverata in ospedale, dove gli accertamenti lasciano tutti senza parole: si tratta di un osteosarcoma. Le metastasi stanno già divorando il corpo e gli organi di Chiara. L'osteosarcoma è un tumore delle ossa. Uno tra i più dolorosi ed aggressivi. Ciò che sto leggendo mi atterrisce, non sono in grado di metabolizzarlo, lo rifiuto. Non ho la forza necessaria e non ho il cuore aperto per comprendere.

Quello che leggo dopo è ancora più sconvolgente.

Il libro racconta del momento in cui, dopo questa diagnosi terribile, Chiara insieme alla mamma sia tornata a casa. Sono un padre e mi immedesimo in loro: la bocca mi si asciuga, deglutisco a fatica.

Però sono anche un essere umano, anche io ho avuto 16 anni. Mi immedesimo anche con Chiara, per fortuna non ci riesco. Una specie di salvavita interrompe i miei pensieri, quando si fanno troppo dolorosi. In quel momento Chiara mi prende la mano e mi infonde coraggio. Sento una forza incredibile che mi arriva da quello *sguardo luminoso*. Mi abbandono a lei e seguo il suo esempio. Comincio a capire…

Chiara è turbata profondamente, la mamma (meravigliosa) riesce a non trasferirle anche la sua angoscia e le offre vicinanza. Chiara, brusca, strano conoscendola, ma normale in quel momento, rifiuta, dice che ha bisogno di stare da sola e si chiude in camera. Ancora oggi che scrivo ricordando quel libro, la fantasia mi trasporta nel tempo e nello spazio ed è come se fossi presente, con loro. Il cuore e lo stomaco si stringono. Un groppo mi chiude la gola.

Dopo una ventina di minuti, racconta la sua mamma, Chiara esce dalla stanza. Il suo volto è sereno, sorride. Dice che ha avuto bisogno di raccogliersi e parlare con Gesù. Alla fine ha detto che vuole talmente essere in comunione con Lui che se Lui vuole questa malattia, allora la vuole anche lei.

Per poco non mi cade il libro dalle mani! Una ragazzina

adolescente che dà a tutto il mondo una lezione di vita. Di fede. Di gioia. Di coraggio. Di Talento.

Chiara impiega solo venti minuti ad abbandonare tutti i suoi progetti. Compreso quello di vivere. Sa che soffrirà moltissimo. Sa che morirà presto. Ma si lascia ispirare dallo Spirito Santo e comprende che il suo Talento è seguire il suo sposo, Gesù. Il suo esempio estremo permetterà a tantissima gente, compreso chi scrive, di avere il coraggio (molto meno, nel mio caso, a dire il vero) di provare ad abbandonare le proprie certezze, i propri egocentrismi, le proprie vanità. E finalmente riuscire ad accogliere il disegno che Dio ha per noi.

La razionalità e l'istinto umano dicono che la malattia è brutta, bruttissima. Va evitata in ogni modo. È inaccettabile. I giovani non devono morire. Le ragazzine non devono provare per anni simili dolori. Tutto questo è inaccettabile. Perché Dio permette tutto ciò? Vuole dire che o non esiste o non ci vuole affatto bene.

La luce del sorriso di Chiara illumina la nostra mente ed il nostro cuore: Il Signore non compie il male per noi, né lo desidera. Tuttavia nella sua intelligenza, scandalosa per noi senza fede, lo permette. Dio ci chiede di fare tutto ciò che possiamo per fronteggiare e sconfiggere il male. Ogni male. Anche le malattie. Però c'è tutto un insieme di cause e circostanze sulle quali il volere dell'Uomo non ha potere alcuno. Inoltre queste condizioni che subiamo con dolore non sono volute dal Signore: Lui le permette perché ha un disegno troppo complesso perché risulti comprensibile a noi, ora. Ci chiede di fidarci, anche se fronteggiare il male è doloroso. Riuscire a fidarci di lui nel male, nel dolore, come ha fatto Chiara, non significa essere fatalisti, distaccati ed accettare il male. Significa bensì avere fiducia in Dio che permette il male. Non si tratta di un sofisma. Prendetevi del tempo per riflettere su questa cosa. Sono profondamente diverse, le due posizioni. Un conto è subire inerme e rassegnato il dolore di un intervento chirurgico, tutt'altro è considerare il dolore parte dell'intervento di un medico di cui non conosco tutti i dettagli, ma che confido ciecamente stia agendo per il mio bene.

Il *meglio* per noi è la salute, l'assenza di malattia. Nel caso di Chiara non è però il suo *bene*. E, a ben vedere, neanche il nostro. Il vero *bene* di Chiara è la sua terribile malattia. Un giorno dirà, dopo che l'osteosarcoma le avrà paralizzato le gambe, dandole ulteriori indicibili sofferenze per gli spasmi muscolari, che la malattia è arrivata al momento giusto. Chiara, affermando questa cosa, vuole dire che se non avesse avuto il cancro, teme che avrebbe perso il suo rapporto con Dio e le ispirazioni dello Spirito Santo, cominciando a seguire troppo le proprie ambizioni, finendo con l'innamorarsi di se stessa.

Il meglio è nemico del bene. Il meglio è ciò che desideriamo per noi, ciò che i nostri appetiti mondani ci inducono a perseguire; il bene è il motivo per cui Dio ci ha messi al mondo.

Bisogna aprire la mente ed il cuore per comprendere cose più grandi di noi, compreso il nostro Talento.

Bisogna usare il Talento per comprendere che il meglio è nemico del bene.

Ci sono dei segni che ci permettono di comprendere se andiamo nella direzione giusta. Francesco di Sales dice che [...] *uno dei segni più certi della bontà di tutte le ispirazioni e, specialmente di quelle straordinarie, è la pace e la tranquillità di cuore in chi le riceve* [...].

Coloro che, invece dello Spirito Santo, seguono altre ispirazioni, che non mettono a frutto i propri Talenti [...] *sono inquieti, cocciuti, fieri, affaccendati, e agitati per falso zelo; metton sossopra ogni cosa, tutti censurano, ogni persona criticano, tutto biasimano; gente non regolata, non condiscendente, che nulla sopporta, seguendo le passioni dell'amor proprio con la scusa di zelar l'amor di Dio* [...].

Chiara ha uno sguardo luminoso che dona pace perché ha pace. Chiara ha accettato di seguire le ispirazioni dello Spirito Santo ed ha messo a frutto il suo Talento. Dio, nel progetto della creazione, ha immaginato Chiara perché ha bisogno che tutti possano accettare i disegni che Dio ha per ciascuno e che poi, in relazione ad essi, mettano a frutto i loro speciali ed unici Talenti. Con il suo esempio,

Chiara sembra volerci dire: *accettando il volere di Dio per me, nonostante sembri assurdo, ho avuto la gioia più grande, e ve la dono attraverso il mio sguardo.*
Uno sguardo luminoso.

10 IMPARA L'ARTE E METTILA DA PARTE.
ROMA, OGGI.

Matteo 25, 14-30.

La parabola dei Talenti. La conoscono pure i sassi. Gesù racconta di un tale molto ricco che parte per un viaggio. Affida ai suoi tre servi 5, 2 ed 1 Talento. I primi 2 fanno fruttare il denaro, investendolo. Il terzo, per paura di perdere tutto, lo sotterra. Quando il Signore torna, chiede conto del denaro che ha affidato ai servitori. Loda l'azione dei servi intraprendenti, promettendo loro più di quanto non abbiano già avuto e guadagnato. Poi, deluso, condanna il servo pavido ad abbandonare la casa, *gettato fuori, nelle tenebre. Lì sarà pianto e stridore di denti.*

Al Signore serviamo tutti. Lui ha bisogno che il Talento che affida a ciascuno di noi, sia messo a frutto per realizzare il progetto della Creazione. Se poi tu decidi di non usarlo, Lui si sente tradito. Inoltre si commette un torto a tutti gli altri, uomini e donne.

Nash l'aveva capito. Lui aveva capito che ciascuno di noi è intimamente interconnesso a tutti gli altri. Lo ha dimostrato con la potenza evocativa della matematica, con la teoria dei giochi: il bene di ciascuno di noi non è un fatto singolo, privato, personale. La quantità di bene cui ogni Uomo può aspirare, dipende direttamente da quante altre persone sono coinvolte nel perseguire i suoi progetti di benessere. E questo vale sia per il benessere materiale che per quello spirituale.

Mi permetto di fare un'aggiuntina a Nash. Da piccolo adoravo le feste di Natale; tutti i bambini l'adorano, o almeno i fortunati che vivono in una società in grado di sostenere economicamente il vortice consumistico dell'atmosfera natalizia. Un motivo in più per godere di quel periodo dell'anno, era che mi divertiva molto la Lotteria Italia. Ogni anno, il giorno dell'epifania, il 6 gennaio, venivano estratte le combinazioni numeriche relative ai biglietti della lotteria più ricca dell'anno. Ero piccolo ma ricordo bene quando per la prima volta il premio più ricco superò il *miliardo di Lire*. Era una somma simbolicamente immensa... Papà comprava qualche biglietto, in giro per l'Italia. Ed io, febbrile, controllavo i numeri di matrice sul giornale. Un lavoro certosino durante il quale fantasticavo. Quante cose meravigliose avrei fatto con un miliardo! Fu così per molti anni. Non vincemmo mai. Finché un giorno cominciai a divertirmi di meno. Feci una riflessione: se hai un miliardo compri quanti oggetti di varia natura vuoi. Ma quando hai comprato tutto ciò che vuoi, vorrai vivere delle esperienze. Viaggi, spettacoli, concerti. Con un miliardo puoi vivere tutte le emozioni che ti pare. O quasi. Il problema è che sei costretto a farlo da solo. Si, perché i tuoi amici non possono venire con te. Tu pensi di risolvere questa cosa, offrendo loro queste esperienze. Ma non funzionerà: i tuoi amici hanno una vita loro e trascorrono molto tempo a lavorare per procurarsi le risorse economiche per vivere. E poi, a parte quelle persone sanguisughe e parassite che nessuno desidererebbe avere come amici, chi vivrebbe sulle spalle di un amico? Una volta mi fa piacere se mi offri una cena. Ma non posso partire tutti i mesi per un viaggio con te, pagato da te.

Insomma, ho riflettuto che se vinci un miliardo, puoi risolvere qualche problema economico e non è poco. Ma il tuo bene non lo raggiungi, non lo intravedi neanche.

Pensa alla tua vita senza le persone significative per te.

Comincia a pensare che le persone del mondo siano tutte più o meno significative come quelle che più ami.

Il meglio è nemico del bene e tu non otterrai niente se non capisci che la Lotteria Italia è solo il *meglio* per te! Ma Nash, da lassù, continua ad indicarci la *condivisione*. E poi Weber, di fianco a Nash, che aspetta solo che tu usi il tuo Talento, quello che ti senti dentro, per fare le cose insieme agli altri.

Senza John né Max, *pianto e stridore di denti...*

Da qualche tempo, ho cominciato a sentir parlare male dei vaccini che si fanno ai bambini. Sui social network, per le strade, fuori dalle scuole, moltissime persone, con gli occhi fuori dalle orbite, ti raccontano, con fare furtivo, di avere un amico che ha scoperto che i vaccini sono la causa di non so quale terribile malattia incurabile. Le aziende farmaceutiche non ne parlano, dicono questi esaltati, perché dalla vendita dei vaccini guadagnano montagne di denaro. Ebbene, no. I vaccini non sono pericolosi, anzi! È piuttosto vero il contrario. Malattie come il morbillo possono uccidere i bambini. Lo hanno fatto per secoli e continueranno a farlo se tu non vaccini tuo figlio. Metti a rischio la vita del tuo bambino ed inoltre aumenti il rischio di contagio per gli altri. A questo mondo, ogni cosa ha aspetti positivi ed aspetti negativi; nel settore della farmacologia, i lati negativi si definiscono effetti indesiderati. Ogni farmaco, compresi i vaccini, può avere degli effetti indesiderati che, nessuno lo nega, in alcuni casi sono terribili. Tuttavia va considerato il dato statistico: è talmente basso il rischio che si verifichino effetti collaterali, ed è talmente grosso il rischio di non vaccinarsi, che dar retta a queste tendenze distruttive è un effetto del soccombere alla paura. Però soccombere alla paura che le cose vadano storte è un rischio che corriamo tutti. Tutti abbiamo paura. Ma se non usi il Talento, evitando di vivere, finisci come il servitore pavido.

Pianto e stridore di denti.

Oppure quelli che ogni volta che alzano lo sguardo e vedono un aereo, assumono l'espressione che avresti tu se vedessi un drago alato volarti incontro, sputando fiamme. *Devi sapere che c'è un progetto del governo di ucciderci tutti facendo spruzzare agli aerei che volano dei veleni tossicissimi. Le scie chimiche degli aerei stermineranno la razza umana.* Questo ti raccontano. Questo spergiurano sia vero.

Tanto per essere chiari: non temete gli aerei più di quanto non sia necessario. Gli aerei inquinano, come tutti i motori a carburante combustibile fossile. Ma facendo il parallelo tra quantità di persone trasportate e durata dei viaggi in base ai chilometri, tra automobili ed aerei, quest'ultimi non inquinano poi così tanto. Tutti sanno, inoltre che gli aerei sono un mezzo assai sicuro rispetto agli altri. Il più sicuro.

Non ti ricordi di quando da piccolo hai scoperto che d'inverno il fiato che sputi dalla bocca è come un fumo bianco? Poi non ci hai fatto più caso, ma continua a succedere. Si tratta solo dell'umidità contenuta nel tuo respiro che, passando da una temperatura calda ad una molto fredda, si condensa in una miriade di goccioline d'acqua piccolissime. Che poi è lo stesso principio della nebbia: umidità condensata per qualche principio fisico.

Dai reattori degli aerei esce aria rovente, mista a vapore acqueo, come prodotto della combustione, il quale, raffreddandosi rapidamente, condensa in innumerevoli goccioline d'acqua che formano una scia bianca. In alto, su nel cielo, la temperatura è molto sotto lo zero. Quelle che qualcuno vuole farti passare per *scie chimiche* non sono altro che scie di condensazione. Quelle degli aerei sono particolarmente intense per 2 motivi. Primo, la differenza tra temperatura dei gas di scarico dei motori e temperatura dell'aria è grande. Secondo la combustione di carburante fossile produce polveri sottili. Questi granelli di polvere hanno la funzione di nucleo di condensazione. Cioè, un corpuscolo sopra il quale le goccioline d'acqua si condensano facilmente.

Ecco svelato il mistero per cui dalla nostra bocca non esce un fumo così bianco ed intenso come quello degli aerei.

Ma qualcuno, come il *servitore fifone*, continua a vedere catastrofi ad ogni angolo e per paura di affrontare il rischio, sotterra i propri Talenti.

Queste storie apocalittiche sono un particolare tipo di *leggenda metropolitana*. Come ogni leggenda, ha alcune caratteristiche imprescindibili: si fonda su fatti o dinamiche reali da cui mutua l'aspetto realistico, cosa che tende ad ingannare chi ne viene a conoscenza; si alimenta della paura dell'ignoto, dello strano, del diverso, paure innate nell'Uomo, difficili da arginare; sfrutta l'ignoranza e/o la pigrizia dell'Uomo che non desidera né vuole approfondire i fatti, attraverso studio e conoscenza (la stessa caratteristiche che porta le persone a delegare cose importanti come la democrazia; ne *La Gallina Di Pericle* ne parlo profusamente); è tendenzialmente catastrofica, perché l'orrore è attraente (perché l'orrore sia attraente è molto interessante ma è piuttosto distante dall'obiettivo di questo scritto. Per ora prendete questa cosa per buona, pensando che in effetti, ad esempio, in autostrada nessuno rallenta per guardare da vicino e meglio i girasoli sui campi, che sono bellissimi, mentre tutti non possono fare a meno di rallentare fin quasi a fermarsi per sbirciare l'incidente sulla carreggiata opposta. Un altro esempio sotto gli occhi di tutti, sono le prime pagine dei giornali ed i relativi titoli cubitali: non si vende un giornale se titola una notizia positiva; mentre va a ruba se sfrutta il sensazionalismo basato su notizie shock).

Le leggende metropolitane, tuttavia, sono anche un modo di intrattenersi, sono divertenti. Tranne qualche sprovveduto, nessuno dà peso ad una leggenda metropolitana. Quindi non sono poi così pericolose. Addirittura qualcuno per divertirsi le ha collezionate, in un libro. Alcune fanno davvero venire le lacrime agli occhi dalle risate. Un po' come la commedia dell'assurdo ed infondo, credo abbiano successo perché sono una satira dalle realtà. Dei suoi aspetti più grotteschi. Le leggende metropolitane esorcizzano alcune paure.

Ma quelle di cui parlavo prima, no! Quelle sono pericolosissime. Quella particolare categoria, nasce da una costola delle leggende metropolitane, ma se ne differenzia, fino a diventare una vera e propria specie autonoma.

Essa è temibilissima, produce danni enormi. Si chiama *Teoria del complotto.*

Non è niente altro che un modo di spiegare i fatti del mondo attraverso l'attribuzione della responsabilità di questi a fantomatici, o esistenti, gruppi, organizzazioni, sette, ecc. Sono solitamente spiegazioni alternative, molto intricate e complesse. Ovviamente, diverse ed opposte dalle spiegazioni ufficialmente fornite da media ed autorità.

Ma perché ciò accade? Chi ci guadagna? Come si formano le teorie del complotto?

Immaginare qualcuno che crea le teorie del complotto significherebbe, a nostra volta, essere *complottisti*. Nel 1300, un monaco francescano inglese, William of Ockham, escogitò un costrutto metodologico che ebbe molta fortuna. Ancora oggi viene usato molto spesso perché efficace. Viene chiamato *rasoio di Occam*. Il riferimento alla lama è dovuto al fatto che adottare efficacemente questa metodologia di pensiero, significa "tagliare", nel senso di *snellire, sfrondare, potare* ciò che è superfluo. La fortuna, di cui nei secoli ha goduto la trovata del francescano, è tale che sia stata una dei presupposti metodologici della scienza moderna. Adottare il *rasoio di Occam* significa astenersi dal formulare un numero di ipotesi maggiore di quanto non serva, per spiegare i fatti del mondo. Questo, ovviamente, quando le ipotesi iniziali già *spiegano* a sufficienza.

Adottando questa logica secolare, consapevoli del fatto che funzioni bene, essendo stata abbondantemente collaudata anche da menti più che brillanti, potremmo già comprendere che le teorie del complotto sono da evitarsi come la peste, perché eccessivamente complesse, farraginose. Le spiegazioni scientifiche invece sono lineari, facili. Tuttavia, per farvi capire cosa ho in mente, è utile oltre che interessante, andare oltre.

Diversi anni fa ebbe un grande successo di pubblico una raccolta di massime sulla vita. Era un compendio semiserio di consigli. Molto spesso traeva spunto da fatti vissuti realmente dall'autore, ma capitati di certo a molti. Questo inaspettato successo editoriale si intitolava

La Legge Di Murphy. Uno dei principi che venivano enunciati nel seguito di questo libro fortunato, *La Legge di Murphy 2*, traeva spunto proprio dal *rasoio di Occam*. Infatti veniva dall'autore battezzato *rasoio di Hanlon*, in onore della persona, amica dell'autore, che lo formulò. Il signor Hanlon fece centro, in quanto a saggezza. Hanlon sosteneva che *non bisogna presumere la cattiveria, quando è sufficiente la stupidità*. Ricalca la logica ben più famosa e ne diventa una declinazione specifica.

Io la trovo altrettanto geniale! Sono un sociologo e analizzare e comprendere i fatti degli Uomini è per me una ragione di vita. Questi 2 *rasoi* mi sono necessari molto più di quello che uso la mattina per radermi la barba…

Le teorie del complotto si spiegano, oltre che con quello di Occam, anche con il rasoio di Hanlon.

Buona parte delle teorie psicanalitiche adottano il concetto di *proiezione*. Si tratta di un fenomeno piuttosto diffuso: attribuiamo a ciò che ci sta attorno caratteristiche che invece sono interne a noi. Per capirci, quante volte capita di vedere il bue che dice cornuto all'asino…? Ecco: *proiezione*!

Molto spesso accade che per diversi motivi non si sia in grado di guardarsi dentro. Rimangono delle zone d'ombra, più o meno estese. La parte cosciente e quella incosciente non riescono a dialogare. Ma noi abbiamo molto bisogno che lo facciano e quindi la natura ha immaginato un sistema di compensazione per i momenti di *magra*. In questo modo, creiamo, fuori da noi, qualcosa o qualcuno che viene ritenuto, comodamente ma anche colpevolmente, responsabile del male di cui soffriamo.

Siamo inermi di fronte al mancato riconoscimento di parti importanti, sebbene oscure, di noi stessi e necessitiamo quindi di qualcuno cui dare la colpa.

Per lo stesso motivo per cui *omnia munda mundis*, quasi tutto è negativo per chi non si accetta e si considera sbagliato. Però nessuno ha facilità nel riconoscere ed ammettere che non è perfetto, così proietta sul mondo la sua inettitudine. Quasi per sgravarne il peso. E crea nemici. Possono essere gruppi sociali o gruppi etnici, categorie professionali o schieramenti politici. Non hanno nessuna colpa, eppure vengono presi di mira, divengono i nemici. Hanno, loro malgrado, la funzione di capro espiatorio dei difetti, mai accettati, di chi li odia, di chi li persegue.

Dicevamo, prima, di quanto sia difficile abbandonare l'immagine che abbiamo di noi stessi per accogliere la proposta che Dio ci fa, tramite lo Spirito Santo. Questa che descrivo è la dinamica letteralmente opposta: lottare talmente tanto contro le ispirazioni dello Spirito, tanto da rifiutare di esplorarsi, di conoscere i propri Talenti. L'insieme di corpo, mente ed anima si ribella a questo e crea la negatività, crea l'odio. Odio per quella parte di noi che non ci permette di essere ciò che per cui siamo stati creati. Insofferenza per quella parte di noi che ci impedisce di essere a Sua immagine e somiglianza.

Allora proiettiamo sul mondo la nostra negatività. E nascono le teorie del complotto.

Quando siamo come il servitore che non usa i propri Talenti per paura di affrontare ed accettare i propri limiti, siamo la versione peggiore dell'Uomo, quella più lontana dal Talento, quella senza ispirazione Divina, con conseguente arroganza, tristezza, e, cosa peggiore di tutte, tanto odio da riversare su qualcuno, inventando storie assurde ma realistiche.

L'Uomo peggiore è quello che non vuole riconoscere il proprio Talento, troppo legato all'immagine che ha di sé.

L'errore più grande? Impara l'arte e mettila da parte…

I cavalieri dell'apocalisse, così chiamo coloro i quali spargono terrore ed odio raccontando storie assurde agli altri, sono delle persone che hanno paura di usare il loro Talento e lo sotterrano.

Chi non usa il Talento dimostra di non aver *fede* in ciò che Gesù fece per noi, perché ha smesso di nutrire *speranza* per un futuro migliore, da realizzare attraverso le ispirazioni dello Spirito Santo, che altro non significa che agire con *carità*.

I 4 ELEMENTI

11 UNA SETTIMANA DA DIO.
ROMA, OGGI.

In Italia, prima, succedeva solo la domenica pomeriggio. L'orecchio alla radiolina, ecco che si materializzava la magia: tutti si trasformavano in allenatori, portieri, terzini, mediani e centravanti! Ciascuno dei miracolati della magia da *90° minuto* aveva il potere, in virtù di questo benefico sortilegio scaccia-stress, di saperla più lunga dei "Mister" seduti sulle panchine; più fiato e piedi migliori di chi correva in campo.

Ma siccome in Italia siamo maestri dell'arte dell'arrangiarsi, abbiamo cominciato ad occuparci, senza titolo, un po' di tutto, non solo di calcio; ti faccio un esempio: se tu sei una mamma che ha 2 o 3 figli e che li ha cresciuti passando attraverso malattie esantematiche, infettive, sbucciature e contusioni di ogni parte del corpo, influenze e mali di stagione, delusioni d'amore e delusioni anche peggiori, insomma che ha dimostrato "meritocraticamente" di potersi occupare della salute di altri individui, beh... complimenti, ma che tu lo voglia o no, non puoi mettere una bella targa di ottone fuori dalla porta con su scritto "Dottoressa, Medico, Specialista in *che-vuoi-tu*. Invece, è già successo, che se sei un medico, col pallino della politica, che attraverso un impeccabile *cursus honorum* scali e raggiungi le vette di Monte Citorio, beh... allora puoi fare l'insegnante, anzi molto di più: puoi fare il Capo degli Insegnanti, il Custode della Cultura, il Sommo Sacerdote dell'Apprendimento, insomma dovresti curare le persone invece ti fanno Ministro della Pubblica Istruzione. Sai dirmi perché? Io proprio non lo capisco... che fosse una strana attitudine italiota quella di porsi sempre come esperti tuttologi, lo si era capito da tempo, ma così è troppo, anche perché va oltre la democratica possibilità di ciascuno di rivendersi per più di quanto valga. Pongo la questione in maniera più chiara: come mai alcune cose assai delicate ed importanti, come l'insegnamento, sono vergine terreno di conquista di chiunque abbia fallito altrove? Pensa un po' che in Italia c'è addirittura un detto che suona così "chi può, fa, chi non può, insegna!". E con questi presupposti, tirare le conclusioni è facile: Scuole fatiscenti, insegnanti taglia-lingue, bullismo da Bronx tra i banchi... La cultura va a puttane, con buona pace della professionista dell'arte del meretricio! E siccome la cultura è l'irrinunciabile anima di ogni assetto sociale, è evidente che Politica ed Economia (cartine al tornasole della salute di una società) siano in grave crisi d'identità. Altro che manovre, governi bis, fiducie allargate, bipolarismo, riforme elettorali! Vi ricordate il film in cui Jim Carrey sfida l'*Altissimo*, il quale gli concede per una settimana il suo lavoro? Vi ricordate anche che il poverino impiega molto meno di una settimana per capire che quel lavoro non è proprio così facile e che non bastano superpoteri, ma ci vuole Talento?

Ad ognuno il suo lavoro! E il migliore tra i lavoratori è quello che ad una inclinazione naturale aggiunge preparazione ed esperienza, insomma cultura. Infatti chi può vantare Talento, preparazione ed esperienza è bravo perché ha gli elementi per decidere, per scegliere, per proporre, per innovare. Puoi sbagliare, è vero, ma l'acqua che non scorre, imputridisce. Nell'acqua putrida prolificano virus e batteri e noi ci siamo ammalati, e di brutto, poi la cultura è morta!

Dopo una lunga agonia, contro cui ha combattuto eroicamente, è definitivamente capitolata.

Alcuni sparuti isolati individui si ricordano di lei, vagamente, ma erano altri tempi, dicono, e si pensa che nessuno la piangerà.

Questo potrebbe essere l'inosservato annuncio mortuario da

affiggere in giro per le strade: ma essendo inosservato, perché darsi pensiero a stamparlo e poi appiccicarlo ai muri? No, non lo troverete in giro…

Però il decesso è avvenuto davvero, giuro.

12 ARCHIMEDE NON HA ESAGERATO.
BERLINO, 10 LUGLIO 2006.

Ci aspettavamo che il rigido inverno del 2006 cominciasse ad allentare la morsa del gelo ed invece rimanevamo gelati dall'eccesso agonistico di Richard Vanigli che spezzava una gamba di Francesco Totti e, insieme, le gambe dei sogni mondiali dei tifosi italici. Come un presagio della canicola che ci avrebbe stremato e fatto sudare durante le notti in terra di Germania, vissute con famelico appetito, arrivava lo scandalo del campionato corrotto ad incendiare il clima. Pronti, partenza, via... La kermesse tedesca iniziava e noi appiccicati ai televisori col cuore dipinto d'azzurro, con un sogno inconfessabile: vincete, ragazzi! Vincete e raccontateci ancora che le emozioni non si comprano, vincete e insegnateci ancora che il calcio, come tutto lo sport, ci appassiona perché è la metafora della vita, quella dove non ti servono i soldi perché certe cose non sono in vendita. Vincete ragazzi e portateci in piazza a sventolare bandiere che sanno di sudore e fatica, che sanno di cose vere, che sanno di vita.

I ragazzi italiani ci portano a fare un safari in Ghana (Italia 2 – Ghana 0), dove i veri leoni siamo noi; ci portano a far visita alla Casa Bianca dove ci prendiamo un sacco di botte, ma non capitoliamo (Italia 1 – USA 1). E quando Lippi ci invita per un tè pomeridiano a casa Nedved, per salutare la carriera del campione ceco che volge al termine, i pasticcini li portano Materazzi e Inzaghi (Italia 2 – Rep. Ceca 0). Si va avanti... e ci tocca andare dall'altra parte del mondo per guadagnarci i "quarti": sembrano più che altro gli "all blacks" di Nuova Zelanda, ma alla fine il *ciuccio* di un Totti a metà, riporta all'ordine gli australiani (Italia 1 – Australia 0). Già ci aspetta lo Zar *Sheva*, che per ringraziare degli anni trascorsi in Italia, cede il passo al *cannone* Zambrotta (Italia 3 – Ucraina 0). Adesso quel sogno è meno inconfessabile, e i giornali ci raccontano cosa potrebbe accadere a chi si mette a fare Al Capone con i nostri sogni, ma a noi la "giustizia" dei tribunali adesso non interessa: noi a *Luciano e compagni* vogliamo far vedere chi siamo, e prepariamo le valigie alla volta di Dortmund dove i nipoti di Beckenbauer hanno preparato il festival dello sberleffo da servirci come ingiusto premio. Quel sogno comincia a non resistere più, compresso dalla vergogna: adesso ricominciamo ad essere orgogliosi della casacca color azzurro perché la partita è la più bella di tutto il Campionato. Li cuociamo a fuoco lento, i crucchi: prima li spaventiamo con l'urlaccio di un palo, quindi li mettiamo all'angolo con una traversa, e poi Grosso decide di fare sul serio e Del Piero intona il *requiem* ai tedeschi che si sciolgono in lacrime di coccodrillo. Andiamo a Berlino! (Italia 2 – Germania 0)

I cugini boriosi d'oltralpe non imparano la lezione e, come i tedeschi, si danno per vincenti prima di dar fuoco alle polveri. Ma noi abbiamo un sogno... e Cannavaro sorride, come suo solito, perché lui mi sa che lo sapeva; forse *il Capitano* lo ha sempre saputo...

Questi sono forti, ma non ci fanno paura; e sembriamo prendere più gusto nell'inseguire quel sogno, dopo che *Zizou* gioca a fare il *pupone* dal dischetto. Lippi ci crede e i suoi lo seguono, Pirlo detta i tempi, Materazzi prende la rincorsa e vola in alto, là dove non pensava neanche lui di arrivare. Siamo pari: andiamoci a prendere quel sogno. Ci siamo fidati di loro, e abbiamo urlato più forte in onore del cuore che ci stavano mettendo... e il fato riserva loro l'opportunità di dimostrare che non soltanto abbiamo coraggio da vendere, ma che i rigori li sappiamo tirare anche noi! Dal dischetto noi non sbagliamo, loro si: siamo Campioni!!! Il sogno esplode fuori e noi esplodiamo in piazza, senza maglietta, a far festa. Balliamo nelle fontane perché stavamo per essere condannati, perché abbiamo rischiato di mandare in serie *C* i nostri sogni, ma abbiamo lottato senza piangerci addosso e in *C* ci mandiamo Luciano e i compagni di merende. Abbiamo negli occhi la nevicata di coriandoli dell'Olympiastadion perché la lezione questa volta l'abbiamo imparata davvero, o almeno per questa notte…

A Berlino ci siamo andati perché il Talento c'era e c'era tanta voglia di dimostrarlo. Perché il Talento c'è sempre. Però dev'essere individuato, coltivato, valorizzato, motivato. Altrimenti si rischia di sprecarlo. Negli anni successivi ai mondiali di calcio del 2006, sia la federazione calcistica spagnola che quella tedesca hanno capito che bisognava investire di più nel Talento. I risultati sono stati convincenti. A livello di squadre *nazionali*, in Sudafrica ai Mondiali di calcio nel 2010 vinse la Spagna, in Brasile nel 2014 la Germania. Nel 2008 i campionati Europei videro disputarsi la coppa sempre spagnoli e tedeschi in finale. Vinsero gli spagnoli, come nel 2012. Per quanto concerne le squadre di calcio di club, stessa storia. Da quando si sono messi sul serio ad investire sul Talento, squadre come Barcellona, Real Madrid, Atletico Madrid, Bayern Monaco, Borussia Dortmund, Shalke 04, dominano la scena internazionale, conquistando trofei a ripetizione.

Se investi nei giovani, nella cultura, nello sport, nell'arte, nella ricerca, i risultati si vedono.

In Italia, è sotto gli occhi di tutto il mondo, non investiamo abbastanza! Purtroppo molto spesso non investiamo affatto. Il sistema scolastico non riesce a stare al passo con i tempi. Ai nostri figli, nelle scuole, insegnano chi era Nabucodonosor e guai se non lo studiano bene; poi però se cerchi un'insegnante di lingua inglese che sia madrelingua, non la trovi neanche a morire. E lo spagnolo? Che è la lingua più parlata al mondo? Perché non si insegna fin da piccoli? E il Cinese, la lingua del futuro, insieme all'Arabo? I qualunquisti inconcludenti della politica lanciano proclami sul fatto che cinesi ed arabi annienteranno la nostra civiltà. Allora, forse, sarebbe intelligente e strategico insegnare ai nostri figli, nelle scuole, le loro lingue, da insegnanti madrelingua. Non dico che fenici, sumeri e babilonesi non siano importanti, ma non è possibile non insegnare l'educazione civica perché hai speso troppo tempo a rivisitare 2500 anni fa. Così finisce che tutti sanno chi è Nabucodonosor e molto pochi che l'Italia è una democrazia parlamentare bicamerale. Poi ci lamentiamo che il *sistema Italia* non è competitivo… Bisogna ringraziare Dio di averci fatto nascere nel paese con il patrimonio di *asset* più grande del mondo, altrimenti saremmo tutti morti di fame!

Abbiamo la cultura storica, abbiamo un patrimonio monumentale ed artistico da far invidia agli dei dell'Olimpo, abbiamo i vini più pregiati del mondo, abbiamo una varietà di cibi e ricette deliziose che chiunque sul pianeta vuole imitare ed assaggiare, abbiamo un clima (anche se in effetti sta cambiando…) da paradiso e abbiamo i paesaggi più belli e variegati del mondo! Come fa un paese come l'Italia ad essere in recessione da anni?

Semplice: gli togli la Sovranità Monetaria affinché non ci siano gli strumenti per investire nel Talento.

Non puoi sempre solo sperare in un guizzo di orgoglio e nella fortuna, per vincere i Mondiali.

Il Talento è la cosa più importante che abbiamo, insieme al Creato.

Dobbiamo smetterla di gettare alle ortiche l'uno e distruggere l'altro!

Ciascuno ha il suo Talento e deve fare le cose che sa fare; non bisogna pensare che il Talento non sia una cosa seria, altrimenti, di conseguenza, commettiamo 2 errori letali: lasciamo che istituzioni importanti siano rette da chi non è in grado e non investiamo sul Talento dei giovani, disperdendo la nostra ricchezza. La cosa più terribile è che le 2 cose sono l'una causa dell'altra e viceversa. In questo modo si alimentano reciprocamente, dando vita ad una spirale di eventi che riduce, distrugge ed infine annienta la dignità dell'Uomo.

Archimede disse che con una leva era possibile alzare pure il mondo. Lo scienziato intuì lo straordinario potere delle leve di *moltiplicare* la forza di chi le usa. Il "mondo" non deve sembrarvi un'esagerazione: con la leva giusta, puoi sollevare anche il Creato. Il Talento è la leva giusta…

Archimede non ha esagerato

13 L'ACQUA DELLA VITA.
DA QUALCHE PARTE, QUANDO VOLETE.

Accostò il bicchiere tra le labbra e il naso, e lasciò che i vapori lo avvolgessero, quindi ne lasciò scivolare un poco in bocca, socchiudendo gli occhi. Suo zio, che si era appena lasciato cadere sulla poltrona foderata di velluto verde scuro, lo scrutava, attento, quasi come se aspettasse un responso che temeva non potesse venire. E aveva ragione.

Il ragazzo dopo aver vinto il senso di disagio che sempre genera una sorsata di whisky, cercava coi sensi qualcosa che sapesse riconoscere... a parte l'alcool... nulla!

«Allora? Cosa senti in questo profumo?» quasi sottovoce per non distrarre i sensi, l'uomo provocava il ragazzo.

«Il fuoco, zio, il fuoco....» e scoppiò a ridere.

Era sempre stato così: fin da che il ragazzo si ricordava, con suo zio tutto era un gioco e nulla era più serio che giocare.

«Dimmi cosa vedi, innanzitutto» «Che domande, zio? Vedo il whisky nel bicchiere, sembrerebbe thè...» «Dopo che i mastri distillatori ricavano la sostanza alcolica dalla fermentazione del malto, questa va "tagliata" con acqua in modo che da una gradazione alcoolica di circa 65%, scenda ad una più "gustabile" di 42%, al massimo, quindi il whisky viene messo in botti di rovere, dove negli anni riposerà... e ne prenderà il colore. Non vedi? Ha il colore dell'ambra che non è altro che la resina dei tronchi che fossilizza fino a diventare pietra».

Il ragazzo ascoltava e, senza rendersi ancora conto della magia che questo significa, seppe che quel distillato venne messo in una botte prima ancora che lui nascesse. Aveva 15 anni e il whisky che gli aveva appena incendiato lo stomaco ne aveva passati 16 nel grembo materno di una botte di rovere inglese…

«Con parsimonia, che poi ti gira la testa, ma bevine ancora, dopo averlo odorato» il ragazzo fiducioso fece ciò che lo zio diceva. Guidato dallo zio, riuscì a distinguere i sentori marcati ma equilibrati di quell'opera dell'ingegno umano e degli elementi della natura: avvertì il profumo di un camino che brucia torba, respirò la fragranza vegetale del malto e sentì l'odore del mare. Di lì a poco lo zio gli avrebbe raccontato che il whisky *Lagavulin* viene distillato sulle isole a nord della Scozia, dove il malto viene flagellato dai venti del nord che lo dipingono del salmastro del mare: ecco perché quello che è uno tra i migliori whisky del mondo, sa di sale. Il ragazzo scoprì anche che il malto, prima di essere messo a fermentare, viene tostato in forni appositi dove brucia la torba, una specie di *humus* tipico della terra umida e ricca di nutrimento della Scozia. Procedimento che conferisce al malto quel tipico sentore di "affumicato". Infine, attraverso un complesso ciclo di reazioni chimiche, il malto produce una sostanza chiamata alcool. A questo punto, affinché il distillato diventi buon whisky, viene affidato al legno secolare delle botti.

Durante qualche festa galeotta, raccontò il ragazzo, aveva già assaggiato il whisky, ma quello non era così buono, quello serviva solo per darti un po' di euforia in modo da apparire più spigliato per parlare alle ragazze carine… «Si…si…» annuì lo zio da sotto i folti baffi «Mi ricordo… lo facevamo anche noi, sai? In fondo non cambia mai nulla!» e risero ancora, ciascuno viaggiando con i ricordi: quelli dello zio lontani ma consapevoli e sempre vivi, quelli del ragazzo vicini, ma per questo sfuocati e senza ancora un significato preciso. A quell'uomo piaceva avere il compito di stimolare e dare una bussola all'energia esplosiva dell'adolescenza di suo nipote. Da sempre aveva accolto di buon grado quel ruolo e, pensava, che finché avesse avuto fiato nei polmoni, nessuno avrebbe mai potuto toglierlo da quel ruolo. Il ragazzo non avrebbe saputo interpretare la relazione, per lui c'erano l'affetto e la stima profondi per quell'uomo. Solo molti anni dopo avrebbe compreso cosa significava davvero quella lezione di whisky.

Lo zio interruppe il viaggio nei ricordi raccontando di come fossero quasi mille anni che l'uomo di Scozia incrociava gli elementi e le forze della natura per produrre whisky di malto. In tutto quel tempo aveva imparato a miscelare prudentemente aria, acqua, fuoco e terra.

«Zio, ma questi non sono i quattro elementi di cui gli antichi pensavano fosse composto il mondo?» «Proprio quelli, ragazzo mio. C'è la terra che in Scozia è così umida da essere il grembo in cui matura il malto, e solo una terra così composta può produrre un raccolto generoso a queste latitudini; hai mai notato che, anche se non ci si fa caso, Edimburgo è più a nord di Mosca? Di conseguenza le isole a nord della Scozia, dove viene distillato questo whisky, sono più o meno alla latitudine di Stoccolma. Mosca e Stoccolma sono città gelide d'inverno e fresche d'estate, mentre in Scozia è davvero raro che nevichi e la terra umida non viene quasi mai pietrificata dal ghiaccio: è per questo che il malto può crescere ricco di sapore».

«Questo accade per via della Corrente del Golfo del Messico?» «Sì, bravo. È proprio la temperatura mite di quell'enorme fiume marino a scongelare il mare del nord, ma non solo: l'acqua della Corrente riscalda anche l'aria che, incontrandosi con il respiro gelido del Polo, genera quella condensazione dell'umidità tipica di tutta la Gran Bretagna: un tetto di nuvole che annaffia la terra con una frequenza nota in tutto il mondo. E quindi arriviamo all'altro elemento: l'acqua. Non solo l'acqua della Corrente determina il clima, ma genera tutta quella pioggia che si raccoglie in fiumiciattoli e torrenti che in Scozia hanno il caratteristico colore ambrato. Sembrerebbe acqua sporca, ma in realtà è solo colorata dalla torba del terreno sulla quale scorre. Quell'acqua è pura ed ha una composizione particolare che conferisce al whisky questo gusto di velluto, sulla lingua».

Adesso la lingua e il palato del ragazzo erano stati leggermente anestetizzati dal contenuto alcolico della bevanda, e il suo terzo sorso non fu più infuocato: adesso riusciva a sentire la "storia" di quel liquido secolare. «Manca il fuoco, e l'aria» disse provocando lo zio, che raccolse soddisfatto e proseguì «Quando le botti di rovere vengono confezionate, la lavorazione prevede l'incrocio di fasce di legno fresco che ancora contiene la linfa, nutrimento dell'albero. L'artigiano le dispone a cilindro bagnandole in modo che siano più flessibili e con l'amore che solo un artigiano sa convogliare nel frutto del suo lavoro, si preoccupa che ciascuna sia perfettamente adiacente all'altra, quindi le salda tra loro, alle estremità, con delle cinghie di metallo. A quel punto, l'interno della nascente botte viene riscaldato con il fuoco in modo da asciugare il legno imprimendone così la caratteristica forma "a botte" ma soprattutto in modo che lo zucchero contenuto nella linfa del legno si sciolga venendo in superficie, cosicché *vernici* l'interno di una specie di melassa, che contribuirà ad arricchire il sapore del distillato che lì dentro riposerà per anni. Questo fatto arricchisce, in particolare, il sapore dei vini, ma il procedimento accade anche con il whisky. Tutto dipende dalla natura del legno e dalla quantità e qualità del nutrimento che gli scorre dentro. E poi il fuoco permette di bruciare la torba affumicando il whisky fino a dargli questo sapore… inconfondibile». Nulla avrebbe potuto distogliere l'attenzione del ragazzo, perché si era immerso in questo viaggio fantastico e millenario: era divertito, era coinvolto, era emozionato.

«Quindi l'aria. Essa è il clima particolare della Scozia, l'aria è la purezza dei venti spesso impetuosi che pettinano l'erba e il malto, l'aria è l'unico ambiente possibile in cui il malto può fermentare nel modo che serve a produrre whisky, l'aria è la coperta in cui per anni si avvolge, maturando, il whisky» «I 4 elementi…» disse trionfante il ragazzo «I 4 elementi», confermò l'uomo, allisciandosi i baffi saporiti dal salato affumicato del *Lagavulin*, che aveva appena sorseggiato. Quindi continuò, quasi solenne «Il *metodo* della terra che permette, a queste latitudini, la nascita del malto ed offre strumenti come la torba, l'*emozione* fluente e primordiale dell'acqua che in mille forme sempre diverse regala vita alla terra, la *forza* e la *consapevolezza* del fuoco, che fissa le forme ed i sapori, la *responsabilità* dell'aria, cui viene affidato il frutto dell'ingegno umano e la maturazione della vita».

Il ragazzo, affascinato, sfidò ancora lo zio. Ogni ragazzo sfida gli adulti, sperando di perdere. Quando un adulto risulta essere all'altezza delle sfide dei ragazzi, dimostra di meritare la fiducia che i ragazzi ripongono in lui. Dimostra, accogliendo e vincendo le sfide, che la fiducia in lui è ben riposta e che non verrà tradita. I ragazzi hanno bisogno di essere rassicurati tramite l'autorevolezza degli adulti. La dinamica del confronto, giocoso e a volte serio, consente ai ragazzi di testare quanto la guida e la protezione degli adulti, siano "sicure".

Il ragazzo sfidò lo zio chiedendogli per quale motivo il whisky si chiamasse proprio in quel modo.

«Questo nome deriva dalla parola gaelica *uisce*. Il gaelico era un'antica lingua che parlavano le popolazioni che abitavano l'odierna Scozia. *Uisce* significava acqua. I latini chiamavano l'alcool distillato *aqua vitae* e siccome le popolazioni stoiche, temerarie ed eroiche che abitavano quelle terre, non permisero mai ai romani di invaderli, decisero di tradurre dal latino *acqua vitae*, per non usare la loro lingua. La bevanda ebbe, per questa ragione, il nome di *uisce beatha*, acqua della vita.»

IL METODO.
LA *TERRA* IN CUI AFFONDANO LE RADICI DELL'ESSERE.

14 LE REGOLE DEL METODO.
FIRENZE, 1280.

Angiolo di Bondone ama disegnare. Trascorre gran parte del tempo a disegnare figure di animali. La pergamena e le tele costano molto ed i suoi genitori, contadini, non possono permettersele. Così Angiolo, con un carboncino, disegna sui sassi, in campagna. In cerca di una posizione economica migliore, suo padre, decise di trasferire la famiglia a Firenze, qualche anno prima. In città aveva avuto modo di conoscere le opere di alcuni artisti. Dapprima non aveva mai considerato l'arte qualcosa di "utile" inoltre la gente come lui non aveva tempo per godersi la vita con il "bello". La permanenza a Firenze gli aveva fatto cambiare idea. Di lavorare, Angiolo, non ne vuole sapere. Ha undici anni e dovrebbe imparare un lavoro, ma a quell'età è difficile far smettere di giocare i bambini. Suo padre, contadino abituato alla praticità del lavoro manuale, ha un'idea: visto che Angiolo sembra non poter fare a meno di disegnare, che l'arte diventi il suo lavoro! In città molti si guadagnano da vivere in questo modo, perché non suo figlio?. Non resta che trovare qualcuno disposto a far fare pratica al ragazzo. Che sia capace di disegnare bene è chiaro fin da quando era molto piccolo, tuttavia vuole scongiurare la possibilità che Angiolo diventi uno dei tanti poveri che attorno a Santa Maria Novella mendicano un soldo per sopravvivere. Come dargli torto? Il padre di Angiolo è di estrazione semplice, è un uomo umile. Ma non è uno stupido. Ha compreso che l'arte ha un ruolo nella cultura e nell'economia della società, non è solo un vezzo di qualche fannullone. Ma sa anche che per eseguire un lavoro, bisogna prima imparare come si fa. Qualche mese prima, aveva eseguito una riparazione al tetto dell'abitazione di un pittore, un tipo strano. Sempre assorto nei suoi pensieri. Nei giorni in cui aveva eseguito il lavoro, aveva avuto modo di conoscere le sue idee: lo trova bizzarro, come del resto ogni artista, a parer suo, ma anche brillante. Chissà perché, ma quell'uomo gli piace.

Il padre di Angiolo è negato per i nomi, non ne ricorda mai uno. Per fortuna, sua moglie, invece, si. Si chiama Cenni di Pepo. Decidono che Angiolo sarebbe stato introdotto nella sua bottega ed affidato al pittore.

Cenni è un uomo ruvido, in certe situazioni. Ed il rapporto con i più piccoli è una di quelle. Angiolo però è un ragazzo dal piglio deciso e dal carattere indipendente. Così il rapporto tra i due si sviluppa su un mutuo tacito accordo: *queste sono le regole, non trasgredirle, per il resto fa come ti pare.* I mesi passano e Cenni non può fare a meno di riconoscere al ragazzo un gran Talento. Il vero unico problema è il fatto che il ragazzo ne è consapevole. Questa consapevolezza lo porta troppo spesso a concentrarsi sui significati da attribuire ai suoi disegni, piuttosto che alla tecnica per realizzarli. Si tratta di *scorciatoie*, è vero, ma Angiolo non riesce ad attribuire troppa importanza a *come* si fanno le cose. Nell'irruenza della sua età, crede sia importante solo *cosa* si fa. Cenni deve trovare un modo per far acquisire a questo ragazzo un metodo ed ha deciso di punirlo. Non potrà disegnare putti e scene bucoliche fino a quando non dimostrerà di saper eseguire un cerchio perfetto senza compasso. Angiolo piuttosto che sottostare all'onta dell'imposizione, medita di fuggire. Ma possiede l'animo dell'artista e non quello dell'avventuriero così, opta, saggiamente, per la sottomissione al suo maestro. In questi giorni non lo sopporta, lo odia. E poi trova così ridicolo il nomignolo col quale lo chiamano gli amici che spesso vengono a trovarlo a bottega: *Cimabue.* Trova molto più virile quello col quale la fornaia, da cui Cenni lo manda ogni giorno a rifornirsi, l'ha battezzato fin dai primi giorni, in cui si era trasferito. Quella donna sorridente e così materna, dopo aver conosciuto il suo nome, decise che lo avrebbe chiamato Giotto. Le sembrava più adatto e a lui piacque.

Angiolo, o come venne nominato, Giotto, comincia a fare gli esercizi sottovalutando la faccenda. Mica è uno scherzo fare cerchi perfetti, senza strumenti. Ma lui si accorge di questo solo molto dopo aver cominciato.

Passano alcuni mesi e il rapporto tra Cimabue e Giotto torna ad essere fluido. Il ragazzo esegue quotidianamente gli esercizi del maestro, che sembra soddisfatto dei risultati: sta crescendo bene. Un giorno Giotto si sente particolarmente in vena, così decide di fare uno scherzo al maestro. Pensa che se le cose vanno come crede, sarà la fine dei noiosi esercizi. Attende paziente che Cimabue esca per la solita passeggiata di metà mattina, poi cerca tra i suoi pennelli personali e sceglie quello più piccolo. Prepara del colore nero e appoggia la tavolozza del maestro sopra un ripiano. Tira un bel respiro, piega la testa di lato, strizza gli occhi e poi li sgrana, infine comincia a dipingere una mosca. Il risultato è tanto realistico quanto divertente. Le cose vanno proprio come aveva immaginato Giotto. Il maestro, più tardi, al momento di riprendere a dipingere una tela che gli aveva commissionato un mercante di stoffe, con la mano destra compie in aria il gesto tipico per scacciare mosche. Prima di accorgersi che l'insetto è solo un disegno, Cimabue compie il gesto nuovamente altre 2 o 3 volte. Si volta, guarda Giotto compiaciuto e soddisfatto e gli fa il primo sorriso da quando si sono conosciuti.

«Ascolta ragazzo, sei diventato bravo, hai imparato il metodo. Sono fiero di te. Fra qualche giorno partirò alla volta di Roma. Voglio che tu venga con me. Devo incontrare un tale, per un lavoro...». Giotto sorride. È contento della fiducia finalmente accordatagli, ma soprattutto è contento di andare a Roma, per la prima volta, anche se non può immaginare che il tale che Cimabue deve incontrare è un certo Arnolfo di Cambio, che gestirà, nei prossimi anni, i lavori del cantiere nella basilica di Assisi.

15 IL MODO DI FARE LE COSE.
ROMA, OGGI.

Le prime notizie certe del pittore Giotto risalgono agli anni successivi al 1280, tuttavia attraverso alcuni scritti attribuiti al Vasari, storico dell'arte del cinquecento, si viene a conoscenza di vicende ed aneddoti che sono poi entrati come *reali* nell'immaginario di tutti. Non sappiamo cosa sia verità e cosa mito, tuttavia una cosa è certa: Giotto ha rivoluzionato il modo di dipingere. Cimabue fu davvero il maestro che gli insegnò il metodo? La leggenda della "O" perfettamente circolare, corrisponde a realtà? Ma nella sostanza, cosa importa?

Se non hai metodo, non puoi mettere a frutto il Talento. Alcune persone hanno dimestichezza con la tecnica e la metodologia di base. Anche questo è un Talento. Però in ogni caso, si impiega molto più tempo da soli piuttosto che se assistiti da un insegnante. Il metodo viene trasmesso a chi apprende attraverso l'esercizio, attraverso i racconti, attraverso l'esperienza di chi insegna ed ha il Talento per farlo con efficacia.

Dicevamo: non puoi sempre sperare in un guizzo d'orgoglio e nella fortuna, per vincere i Mondiali.

Per gestire il Talento ci vuole metodo. Ci vuole cultura. Ci vuole che, a partire dal politico a finire al custode notturno, ciascuno faccia ciò che sa far bene. Il medico curi le persone e lasci la politica a chi ha il Talento per farla.

Metodo.

Nella vita, nello sport, nell'arte, negli affari. Sempre. È il metodo che ti permette di fare la differenza. Il metodo è la terra in cui affondi le radici: se la terra è buona, le tue radici si svilupperanno in profondità ed ampiezza, e tu potrai crescere alto quanto puoi, senza temere nessun tipo di vento, neanche i più violenti.

Affinché il Talento possa venire fuori c'è bisogno di mettere da parte l'immagine che abbiamo di noi stessi, ma perché possa crescere, svilupparsi e dare frutto nel Creato, c'è bisogno di metodo. E, lo ripeto, il metodo lo impari da qualcuno che lo conosce.

Per questo motivo, ognuno dovrebbe ricoprire il ruolo che gli compete secondo Talento. Quanti guai si eviterebbero se cercassimo di non ricoprire i ruoli che sfamano solo il nostro ego narcisistico...

Ho lavorato diversi anni come formatore e progettista di sistemi di qualità. Per motivi professionali, venivo a conoscenza delle strategie di organizzazione del personale delle aziende. Mi è capitato spesso di vedere compiere l'errore di ricompensare i risultati positivi ottenuti dalle persone con scatti di gerarchia. È uno tra gli errori più diffusi e nel contempo più gravi. Una persona che compie un gesto tecnico particolarmente bene, cioè ha Talento e lo usa con metodo, non è affatto detto che sappia gestire il lavoro di altri. Così come è vero il contrario: un bravo manager è giusto che conosca gli aspetti operativi di chi coordina, ma non è affatto detto che sappia far bene le cose che fa il suo team.

L'unica via per assicurarci che possiamo impiegare il nostro Talento nel modo migliore è acquisire un metodo.

16 IKE: *LA POTENZA È NULLA SENZA CONTROLLO.* WASHINGTON, 20 GENNAIO 1953.

Se qualcuno glielo avesse chiesto, David non avrebbe saputo dirlo. Erano tantissimi anni che lo chiamavano in quel modo e lui non ricordava più né chi fu a ribattezzarlo in quel modo, né tantomeno quale ne fosse la ragione. In quel momento, tuttavia, non sarebbe stato in grado di ricordare quasi nulla del suo passato. Era particolarmente ansioso, quel giorno, e siccome l'ansia non era un'inquilina del suo cuore in quasi nessun caso della vita, non era capace a conviverci. Non ricordava chi e perché lo appellò in quel modo, ma quando il maggiordomo aprì la porta e con voce bassa ma decisa disse «*Ike*», lui si girò con grande naturalezza. Era talmente abituato a quel nome che quando veniva chiamato Dwight David, faceva fatica a riconoscersi nel suo nome di battesimo.

«Ike, desidera una tazza di tè? È molto freddo e dovrebbe mandare giù qualcosa di caldo… Le farà bene, signore, ascolti il mio consiglio.» Perfino al maggiordomo che conosceva solo dal giorno prima, Ike aveva chiesto di chiamarlo in quel modo. Lo stomaco di Ike era chiuso, sigillato. Eppure di situazioni difficili a 62 anni ne aveva gestite molte. Ma nella vita però non aveva mai avuto una responsabilità così grande, ed infondo lui non era mai stato un politico.

Quella mattina, in piedi di fianco all'enorme finestra, guardava oltre la vetrata, dove un grande prato perfettamente curato lo divideva dal resto della città. Ike stava aspettando che arrivasse il suo staff completo, per dare inizio alla prima riunione di gabinetto, in qualità di Presidente degli Stati Uniti d'America.

Dwight David Eisenhower aveva affrontato responsabilità enormi e delicatissime come quella di essere il comandante delle forze militari nel Mediterraneo durante la II guerra mondiale. Fare il politico però gli metteva addosso più ansia che non guidare un esercito contro Hitler. Il fatto era che durante la guerra il nemico indossa una divisa diversa dalla tua e sai sempre chi è. È più facile combatterlo. In politica, invece, il tuo assistente, dopo anni di collaborazione, può tradirti come se niente fosse. La politica è infida, pensava Ike. La strategia militare, invece, lo aveva sempre fatto sentire a suo agio: era il suo pane quotidiano. Era il suo Talento.

Eisenhower era sempre stato un tipo cui veniva naturale imporsi agli altri. Chiunque l'avesse conosciuto, gli portava naturalmente rispetto. E questo per alcuni motivi: la sua fisicità, ad esempio. Ike non era particolarmente grande, come uomo, ma aveva un portamento autorevole, quasi regale. Il secondo motivo era che Ike aveva la straordinaria dote del leader: in ogni contesto, alle persone veniva naturale affidarsi a lui e lui ricambiava questa fiducia non tradendola mai. Il terzo motivo era la sua capacità di usare le parole per spiegare ciò che andava fatto e come: i suoi collaboratori più stretti ricordavano benissimo quella volta in cui nel 1941 Ike era ancora colonnello. Erano in Louisiana per compiere delle grandi esercitazioni e il colonnello Eisenhower era zitto da alcuni minuti. Ad un certo punto si alzò in piedi e disse "Ciò che è importante, raramente è urgente e ciò che è urgente, raramente è importante". Quindi spiegò ai suoi aiutanti come i vari reparti si sarebbero dovuti muovere sul campo. La tattica militare che Ike adottò fu talmente apprezzata dai suoi superiori che venne promosso al grado di generale di brigata. La sua carriera di ufficiale e stratega fu veloce e brillante, sia per via del conflitto mondiale sia per le sue doti talentuose. Nel dicembre del 1943, il presidente Roosevelt gli assegnò il comando dell'operazione *Overlord*. Si trattava dell'operazione militare più grande mai tentata. Mai un numero così grande di soldati, di mezzi e di personale ausiliario fu impiegato per un'unica operazione militare. Lo sforzo economico e coordinativo fu grandissimo e Ike non fece errori. L'obiettivo era scalzare Hitler dalla Francia invasa e quindi dall'Europa. Il rischio era perdere la vita di centinaia di migliaia di giovani soldati e poi quello di lasciare il vecchio continente ad un pazzo assassino. Eppure non aveva la stessa ansia che aveva oggi nello studio ovale.

Ike si concentrò e decise di sfrattare l'inquilina fastidiosa. Decise che la sua ansia avrebbe avuto i minuti contanti. E così fu. Ike riuscì nell'intento andando con la memoria ai giorni che precedettero lo sbarco in Normandia. Aspettavano tutti che il generale comandante prendesse una decisione.

Eisenhower convocò tutti i reparti coinvolti, compresi i servizi di meteorologia. Portare oltre un milione di persone attraverso la manica, dall'Inghilterra alla Francia, non era mica uno scherzo. Erano giorni che Ike ed il suo staff collezionavano informazioni. Ciascuno dei responsabili dei reparti forniva informazioni relative al suo ambito di pertinenza. Quella montagna di informazioni erano come tasselli di un puzzle. A lui spettava il compito di assemblarli. Decise di adottare uno schema per ordinare tutte le informazioni e far emergere la lista di azioni da compiere nell'ordine migliore possibile, in base alle circostanze. Andavano tenute in conto: le maree, le condizioni meteo e le condizioni psicologiche delle truppe, ormai in attesa da settimane. Senza contare il fatto che all'arrivo in Normandia non ci sarebbe stato il comitato di benvenuto, ma mezza *Wehrmacht* con le mitragliatrici spianate e ben rifornite.

Ike riuscì coordinare tutti gli sforzi grazie ad un metodo che mise a punto negli anni da ufficiale dell'esercito.

Questo strumento è molto semplice. Ike si accorse che ogni attività quotidiana che compiamo è rivolta ad un obiettivo. Questo obiettivo è relativo ad una specifica sfera personale: lavoro, affetti, svago, … In ogni caso, tutte le azioni richiedono tempo. E nessuno dispone di tutto il tempo che vorrebbe avere. Inoltre quello che ciascuno di noi ha a disposizione per compiere ciò che deve e ciò che vuole, è spesso determinato, nella sua quantità e qualità, da variabili che sfuggono al nostro controllo.

L'unico modo che ci resta per gestire al meglio il tempo, come principale risorsa di valore, per fare le cose che facciamo ogni giorno, è quello di darsi un metodo. Una regola.

Ike comprese che tutte le attività delle persone, di qualsiasi tipo, estrazione, cultura e livello di responsabilità, in ultima istanza possono essere catalogate solo come *urgenti* o *importanti*. Ad ognuna delle 2 caratteristiche, Ike imparò che era sufficiente abbinare 2 valori: *tanto* e *poco*. Cioè ogni cosa che facciamo può essere *tanto importante*, *poco importante*, e via dicendo. Il modo migliore per catalogare le attività quotidiane è, infine, incrociare le due caratteristiche. Una cosa può essere *poco importante* ma *molto urgente*, ad esempio. Pensiamo al bisogno fisiologico. A volte diviene urgente, improrogabile, ma certo non è una cosa importante.

Una matrice come segue illustra perfettamente in che modo Eisenhower catalogasse le attività quotidiane:

	Urgente	Non urgente
Importante		
Non importante		

All'interno delle caselle, Ike inseriva ciascuna delle sue attività. Grazie a questo suo metodo, molto efficiente ed efficace, riuscì a prendere decisioni assai complesse come quella di scegliere il giorno per il *D-Day*: lo sbarco in Normandia.

Ike ricordava molto bene che il 6 giugno 1944 non fu un giorno a caso; quella data fu il risultato dell'incrocio di innumerevoli circostanze ed informazioni che lui inserì in una matrice come quella qui sopra. Morirono moltissimi giovani, quel giorno, sulla spiaggia francese. Un sacrificio enorme, ma valse la libertà di un continente. Scegliere cosa fare e quando farlo, per Eisenhower, non fu facile. Tuttavia raggiunse l'obiettivo di liberare l'Europa.

Ike si ricordò di quei giorni che precedettero lo sbarco e si abbandonò allo stesso metodo. Decise che durante il suo primo giorno da Presidente, ed anche tutti i successivi, avrebbe affrontato ogni attività con questo metodo: attribuendo il giusto livello di urgenza ed importanza.

Quel metodo è talmente efficace e semplice da utilizzare che da quel momento è si è diffuso sempre più ed è conosciuto come Matrice di Eisenhower.

Se hai letto *La Gallina di Pericle* e ti sei chiesto cosa potessi fare, nel tuo quotidiano, per migliorare le condizioni negative che vessano le persone oggigiorno, la risposta è: cerca di comprendere qual è il tuo Talento e poi usalo. Oltre all'orgoglio ed il narcisismo, ciò che principalmente ostacola l'utilizzo dei nostri Talenti è la cattiva gestione delle nostre giornate. Una tra le principali scuse che si sentono in giro, quando si affronta il tema del "cambiamento", è la mancanza di tempo. Molto spesso non è neanche una scusa: è il risultato di una cattiva gestione della principale risorsa esterna a noi, di cui Dio ci ha dotati. Il tempo è importante. Non va buttato in attività inutili. Inoltre, la sequenza delle cose che facciamo è altrettanto importante affinché il tempo speso, sia un investimento piuttosto che il nostro tiranno.

Quante volte invece avvertiamo la presenza di un tiranno che monopolizza la nostra vita? Quante volte è l'orgoglio a metterci in uno stato d'ansia dal quale discendono decisioni scorrette? La giornata dura 24 ore, gli alberi fioriscono a primavera, l'orario di alba e tramonto varia ogni giorno, un bambino nasce dopo nove mesi dal suo concepimento. Sono innumerevoli le circostanze che influenzano la nostra esistenza sulle quali non abbiamo potere d'influenza. I tempi del mondo non dipendono da noi, è un fatto. Se all'interno di questa cornice esistenziale, noi non gestiamo le nostre attività in base ai nostri obiettivi, allora finiamo in balia del tiranno peggiore di tutti, il tempo che passa.

Se invece, innanzitutto, gestiamo le ore della nostra giornata con metodo, avremmo tempo per gestire gli imprevisti, ma soprattutto per far fruttare i nostri Talenti.

Weber, con la sua profondità, aveva perfettamente compreso che il capitalismo è nato grazie al desiderio delle persone di far bene le cose. Poi, purtroppo, tutto è cambiate e ciascuno è costretto a fare bene le cose che gli capita di fare per sopravvivere. Pochi tra noi, hanno la fortuna di procurarsi da vivere facendo ciò che desiderano, secondo Talento. Quindi, so bene quanto parlare di migliorare il mondo e di attuare il proprio

Talento possa apparire solo come una dolce utopia. Tuttavia non è così!

Se adotti il Metodo, puoi fare ogni cosa. Anche trovare il tempo necessario per migliorare. Ciascuno deve fare la sua parte nella gestione del Creato; ricordate l'*ecclesia*, ne *La Gallina di Pericle*?

Una cosa molto importante è sapere *cosa* fare e *quando* farlo. Per ottenere questo risultato, serve un metodo e la matrice di Eisenhower è un buon modo di cominciare per ritagliarsi porzioni di tempo. Molte volte, capita, che non si desideri affatto avere il tempo per fare ciò che andrebbe fatto. Così come, capita di evitare il silenzio, per non avere modo di sentire lo Spirito Santo e le sue ispirazioni. Addirittura è stata riscontrata una patologia, nelle società moderne, che affligge le persone che maggiormente hanno difficoltà a fare silenzio, a ritagliarsi il tempo per guardarsi dentro e contribuire con il proprio Talento alla gestione del creato. Queste persone, che non riescono a fare altro che essere vittime del sistema economico, vengono definite *job addicted*, che letteralmente significa dipendenti dal lavoro. Questo accade perché siamo eccessivamente attaccati alle cose mondane, terrene e la relativa immagine che abbiamo di noi stessi. Anche l'evangelista Luca ci racconta di una vicenda in cui Gesù ha a che fare con chi non vuole trovare il tempo per le cose importanti ed usa come scudo e protezione dalla *vita*, le incombenze quotidiane.

Luca 10, 38-42

Mentre era in cammino con i suoi discepoli Gesù entrò in un villaggio e una donna che si chiamava Marta lo ospitò in casa sua. Marta si mise subito a preparare per loro, ed era molto affaccendata. Sua sorella invece, che si chiamava Maria, si era seduta ai piedi del Signore e stava ad ascoltare quel che diceva. Allora Marta si fece avanti e disse: «Signore, non vedi che mia sorella mi ha lasciata sola a servire? Dille di aiutarmi!». Ma il Signore le rispose: «Marta, Marta, tu ti affanni e ti preoccupi di troppe cose! Una sola cosa è necessaria. Maria ha scelto la parte migliore e nessuno gliela porterà via».

Una volta ho sentito un aforisma: *la vita è quella cosa che succede mentre siamo intenti a fare altro.*

Quanto è vero...

Siamo esseri il cui unico vero potere è quello di usare il Talento che abbiamo, mettendone a disposizione i benefici. La nostra potenza è tutta qui. Ma se non usiamo un metodo, finisce che la disperdiamo. Una famosa pubblicità di qualche anno fa, introdusse uno slogan che ebbe molto successo. Era la pubblicità di pneumatici per auto e lo slogan recitava così: *la potenza è nulla senza il controllo!*

Anche se ci sentiamo piccoli ed insignificanti di fronte alle ingiustizie del mondo, dobbiamo comprendere che siamo in grado, tutti insieme, di prenderci cura del Creato, in modo ottimale. Tuttavia, la scorretta immagine che abbiamo di noi e l'incapacità di abbandonarla, unitamente all'egoismo che ci porta a considerare *l'altro* come un ostacolo sulla strada verso la nostra personale affermazione, ci impediscono di riconoscere dentro di noi i Talenti che Dio ci ha donato. La nostra testardaggine, la chiusura mentale e la durezza di cuore, infine ci impediscono di cercare un metodo da imparare, per ottenere risultati migliori. Siamo così legati alle nostre abitudini, alle nostre piccole comodità (presunte tali) che facciamo di tutto per evitare di cambiare. Credo che se esistesse un misuratore di sforzi, scopriremmo che alla fine è più faticoso resistere al cambiamento, piuttosto che cavalcarlo.

L'EMOZIONE.
L'*ACQUA* CHE DÀ VITA ALLA TERRA.

17 RICORDARE UN AMICO.
LONDRA, LUNEDÌ DELL'ANGELO 1992.

Solo due mesi prima, in febbraio, si tenne la cerimonia annuale dei *Brit Awards*. Si tratta di premi che vengono conferiti ai musicisti più acclamati in Gran Bretagna. Quell'anno Brian e Roger dissero al mondo che avevano intenzione di ricordare Freddie con un grande concentro, durante il quale si sarebbero esibiti tanti artisti diversi. Il giorno dopo, vennero messi in vendita i 72mila biglietti previsti per riempire il *Wembley Stadium*, a nord ovest di Londra. Gli stessi organizzatori non poterono credere che in sole 4 ore si ottenne un *sold out* storico. La cosa fu strabiliante anche perché non era ancora stato divulgato l'elenco degli artisti ospiti, semplicemente perché ancora non era stato deciso.

L'esibizione fu fissata per il 20 di aprile, il giorno seguente la Pasqua. Nessuno avrebbe voluto perdersi il momento e coloro i quali arrivarono tardi ai botteghini, andarono ad ingrossare le enormi schiere di telespettatori. La somma stimata dai broadcast di tutto il mondo fu di nove zeri, dopo l'uno. Oltre un miliardo di telespettatori, diedero, a Freddie, l'ultimo saluto; a modo loro: cantando brani intramontabili, dalle sonorità uniche. Tra quelli, c'ero anche io. Oggi darei un braccio per tornare a quel giorno e prendere un aereo alla volta di Londra ed immergermi in uno degli stadi più famosi al mondo.

Quel giorno invece, neanche diciassettenne, ero in villeggiatura con la mia famiglia al mare. In Italia *Videomusic* si aggiudicò i diritti di trasmissione ed io sintonizzai il televisore proprio su quell'emittente. Provo più emozione oggi a ricordare quell'evento, che allora. Ero solo un ragazzo ed in testa avevo ben poche cose e tutte di poco conto. Però, percepii fin da subito che quello non sarebbe stato un semplice addio. Anche io trovavo la musica dei *Queen* coinvolgente ed irresistibile. Quel periodo, però, andavo pazzo per i *Dire Straits*, che potei apprezzare, con un manipolo di amici fidati, qualche mese dopo, a settembre, durante un concerto meraviglioso al *Palaeur* (oggi *Palalottomatica*) di Roma.

Durante l'inverno, a scuola, con i compagni, avevamo commentato la morte di Freddie. Erano state le complicazioni di una polmonite a portarselo via. Aveva 45 anni e la Sindrome da Immunodeficienza Acquisita, chissà da quanti. *Tra tutte le fottute malattie, proprio quella doveva capitarti, Freddie?* Fin da piccoli, la mia generazione ed io, abbiamo dovuto imparare a fare i conti con il virus dell'HIV. Era terribile. Ancora lo ricordo. Non si riusciva a capire quale fosse questo nemico da combattere. Una cosa era certa: dovevi stare alla larga da droga e sesso. Quanto alla prima, a parte qualche spinello propiziatorio, con i soliti amici fidati, non fu mai nostro interesse né ambizione. Però sapere di avere sempre una spada di Damocle sopra la testa, ogni volta che baciavi una ragazza, sperando di andare oltre, non ha reso la nostra adolescenza poi così bella.

Per questo, credo, oltre che per la capacità di farsi amare di Freddie, eravamo tutti sconvolti. Eravamo sconvolti perché coinvolti. Poteva toccare a chiunque. A quel tempo l'AIDS faceva paura e basta! E non era un preservativo a farti sentire sicuro.

Ma quella sera del 20 aprile 1992, quel virus non fece paura a nessuno. Strillammo finché c'era fiato in gola, ogni parola dei testi che Freddie cantava in modo unico, inimitabile, divino. E poi arrivò Liza e salutammo per sempre Farrock Bulsara, genio contemporaneo nato a Zanzibar. Ad un certo punto devi lasciar andare i morti: loro vivranno nella tua memoria. Ma i primi tempi è troppo doloroso e si fa come se la persona cara sia ancora tra noi. Non si riesce neanche a concepire il distacco supremo della morte. Così si fa di tutto per tenere in vita i nostri cari. Quel concerto ci aiutò a lasciarlo andare, per sempre. Liza, fu lei, con il suo modo così alla mano di essere diva, ci permise di salutarlo per sempre: ci sembrò che, grazie a lei, facesse meno male. Il momento in cui ti fai una ragione della morte, deve comunque arrivare. Prima o dopo, ma se non arriva, è peggio. È come tenere una ferita aperta per sempre. Liza Minelli ci chiuse la ferita, e quando sentiamo che la cicatrice, ogni tanto, torna a far male, mettiamo su un disco e la voce di Freddie torna a farci ballare, come a 17 anni.

Se guardi in alto vedi un cielo ancora non del tutto scuro, ma soprattutto l'araba fenice. Un'araba fenice enorme, immensa, simbolo di immortalità e speranza. Fu lo stesso Freddie a disegnare lo stemma del gruppo. Sotto l'araba, nel disegno originale, ci sono 2 leoni a difesa della corona (i *Queen*), due fate ed un granchio. Rappresentano i segni zodiacali dei 4 rocker: Roger e John sono i leoni, Freddie la vergine, simboleggiata dalle fate e Brian è il cancro, il granchio. Questa sera però, issata in alto, c'è soltanto l'araba fenice. Sotto di essa c'è il palco e, davanti, l'oceano di folla. L'urlo delle persone annichilisce la musica amplificata. Un'esplosione, una nuvola di fumo e via che si va!

La musica finalmente è cominciata. Brian canta, si parte con *Tie Your Mother Down*.

Questo è rock'n'roll e la chitarra solista stavolta è Slash a farla strillare. Torso nudo, tatuaggi e sigaretta tra i denti. Sotto la caratteristica cascata di riccioli, il chitarrista maledetto fa capire che qui si fa sul serio…

Il pubblico tributa a modo suo: balla e strilla come un ossesso, che stasera c'è da spaventare il più cattivo dei virus!

Allora il rock continua a martellare e Roger Daltrey canta *I Want It All*. E come fai a stare fermo e zitto? La camicia jeans aperta e il fiocchetto rosso, Roger inonda Wembley con la sua energia. Un diluvio di rock sommerge la folla che spinge fino al cielo l'ultimo saluto a Freddie che, da lassù, non può non sentire.

È la volta di Adelmo. Il brano si intitola *Las Palabras De Amor*. Zucchero avrebbe dovuto accompagnare con la chitarra, come sempre, ma nell'emozione generale pare che un addetto agli strumenti abbia perso il tempo, e l'unico italiano a tributare Freddie, va avanti solo con la voce. La sua, inconfondibile. L'energia del rock'n'roll si trasforma in emozione. Il timbro di Zucchero fa sembrare che abbia il groppo in gola di chi sta per piangere. Quanta passione ci mette! Anche lui, col fiocchetto rosso, regala emozioni. Poi ringrazia, dice "ciao" e stringe la mano di Brian, anche lui commosso.

Arriva Gary Cherone, lui canta con gli Extreme, quelli di *More Than Words*, per intenderci. Arriva Gary con i suoi lunghi capelli selvaggi e canta *Hammer To Fall*: si torna al rock! Incredibile ma Gary riesce a mettere nel brano, duro come il titolo, un non so che di dolcezza. Pare voglia fare una carezza a Freddie, l'ultima. Gary è straordinario perché senza snaturare il brano, lo personalizza. L'assolo di Brian fa ondeggiare il mare di ragazzi. Tanti applausi, che spettacolo!

Si torna al rock duro duro. Si torna ai gillet di pelle, ai giri di basso scanditi come un martello inarrestabile. E poi la chitarra dal suono distorto e compresso di Brian. Infatti stavolta tocca ai *Metallica*. Il nome dice tutto e James Hetfield intona *Stone Cold Crazy*. Anche lui stringe forte la mano di Brian e si congeda, perché è la volta della leggenda: Robert Plant. Il suo modo di cantare è così diverso da Freddie, così diverso da tutti. A Robert è stata assegnata *Crazy Little Thing Called Love*. Torna la dolcezza, torna l'allegria. Le leggende a volte si incrociano. Wembley rimane senza parole, solo applausi. Il momento diventa intensissimo quando subito dopo, Brian, al piano, interpreta *Too Much Love Will Kill You*.

Ma gli ospiti non sono finiti: ancora leggende, sono tutte leggende, solo leggende. Paul Young dà il suo contributo con il pezzo riempi-pista *Radio Ga Ga*. Questo è uno di quei pezzi che *live* offre il suo meglio, a patto che l'audience si faccia intraprendente. Il pubblico di Londra non si fa desiderare e accompagna Paul, al meglio delle sue capacità. Sotto al palco e ovunque nello stadio, sul prato, sugli spalti si balla di bella, con le braccia al cielo, scandendo il ritmo con le mani. Lo strumento musicale più semplice, ma quando è un'orchestra di migliaia di mani, fa venire la pelle d'oca.

Un colpo al cerchio ed uno alla botte: dopo la gioia, torna l'introspezione e chi se non Seal può dedicare a Freddie l'evocativa *Who Wants to Live Forever?* Lo stadio viene ipnotizzato dal cantante di colore, che proietta l'evento in una dimensione magica. In questo modo sentiamo davvero che il morbo assassino, almeno per qualche minuto, sia inoffensivo per noi, che ambiamo all'eterno e ci affidiamo a Seal per assaporarlo. Coperto da un elegante vestito bianco, sembra un angelo. Qualcuno, nel più intimo dei suoi pensieri, in platea o davanti alla TV, vuole immaginare che sia l'angelo che accoglie Freddie... Nel contesto fatato di Wembley, solo per questa notte, anche i pensieri più irreali, hanno diritto di cittadinanza.

Ma chi potrà interpretare *I Want to Break Free*? Chi potrà personalizzare quella divertentissima e raffinata provocazione? Chi altri se non Lisa Stansfield? Meravigliosa, con i bigodini, la minigonna e l'aspirapolvere...

Giù dal palco, il coinvolgimento è totale. Oramai platea ed artisti sono tutt'uno. Ciascuno si sente chiamato in causa. Ciascuno come sente, come sa, come può, tributa a Freddie il più sentito dei "grazie". Saltellando, divertita e accompagnata da un applauso assordante Lisa, torna dietro le quinte. Solo un attimo di respiro, ancora con il sorriso stampato in faccia e, da dietro la sua batteria, Roger introduce una coppia di artisti. Serve l'originalità di Annie Lennox e David Bowie per cantare l'altrettanto inconsueto brano: *Under Pressure*. Annie e David, ma siamo matti? Non si era mai vista una cosa simile. L'alchimia è un azzardo, ma nella notte del Talento, tutto si realizza come deve e il duo funziona alla grandissima. Si baciano prima di cantare: lei, con un rossetto accentuato ed una maschera nera disegnata in volto, lui, vestito di verde smeraldo. L'originalità, a volte, è tutto. Che intensità, che Talento. Le voci così familiari si intrecciano in un corteggiamento vocale sontuoso. In sottofondo, 72mila voci "normali". L'effetto è potente, disarmante. Di fronte la naturalezza espressiva del Talento non puoi far altro che inchinarti e Wembley dimostra l'apprezzamento con l'applauso più lungo, fin ora. Annie ringrazia e se ne va. David rimane per altri due brani. Il Duca incanta l'arena ancora per qualche minuto.

Giusto il tempo di un saluto, poi Roger, con il tamburello in mano, si fa vedere, oltre che sentire. Scende dal piano elevato dove alloggia la sua batteria ed introduce George. George Michael. Un'altra ovazione, un altro regalo. A stento, tra le urla dei 72mila, bello, elegante e sorridente, si percepisce il suo saluto *"Hi Wembley, are you doin'?"*. Con la giacca rossa, gli occhiali scuri e i piercing ai lobi delle orecchie, George comincia la sua performance: I Tre sono accanto a lui e suonano in acustico. Il brano si intitola *39*.

La voce pulita intona la ballata e lo stadio gusta un nuovo sapore che sa di gioia e ritmo di vita: *"Don't you hear me calling you..."*, e che ognuno interpreti come vuole...

Ma è la volta, nuovamente, di Miss Lisa Stansfiled, che stavolta lascia bigodini ed aspirapolvere nel backstage. Ancora un duo: *These Are The Days Of Our Lives*. Che voci! Quando Dio ha dato loro il Talento, mi piace pensare che sapeva bene che, un giorno, avrebbero cantato come due innamorati, gli occhi negli occhi. Là sotto, nel buio, non si sente un fiato. La chitarra di Brian, dolce, sontuosa e solenne, li accompagna, ma, con la sapienza delle mani che le danno vita, non diviene protagonista, semplicemente accompagna, conferendo al brano grande sostanza. Wembley torna a farsi sentire e la folla si spella le mani, emozionata. E così Lisa lascia il palco. George prende la parola e ricorda a tutti quanto sia pericoloso il virus bastardo. Nel silenzio irreale, sembra che George voglia far tornare la tristezza, ma con grande presenza e tatto, conclude dicendo che l'amore è la cosa più bella, non lasciamo che l'HIV ce lo rovini. L'invito è alla responsabilità delle nostre azioni. Il pubblico applaude perché ha capito che, in questo modo George, introduce *Somebody To Love*.

Credo che al mondo non esista Talento più adatto per questo brano, dopo Freddie, s'intende.

Un coro gospel accompagna il cantante e I Tre suonano i loro strumenti, perfetti, come ci si aspetta, come richiede il momento. Quando la voce di George gioca a rincorrersi con i colpi potenti di Roger, lo stadio va in estasi. Centinaia di migliaia di braccia al cielo che scandiscono il tempo. Il tempo della gioia, il tempo della vita che va assaporata, il tempo del Talento.

Sopra Roger, dietro alla batteria, in alto, ci sono i coristi. Sulla destra, Brian alla chitarra, ed a sinistra John. Come sempre posato, discreto. L'antidivo per eccellenza. Come lo strumento che suona: il basso. Uno strumento che non è mai protagonista, tranne in rari casi e solo per pochi secondi. Ma è la spina dorsale di un brano. Senza il basso, il pezzo non starebbe in piedi; il basso dà corpo, dà sostanza. E lui, John, anche se si nota poco, riveste il suo ruolo nell'ombra ma con rara maestria. Nel 1970 Freddie incontrò a Londra Brian e Roger e con loro iniziò a suonare. Tuttavia il progetto dei *Queen* non fu completo fino all'anno successivo, quando John si unì al gruppo, con il suo basso.

I Talenti hanno tutti una loro utilità. A volte i Talenti migliori non sono completi senza alcuni ritenuti, con grande superficialità, "minori". John è la prova di questo. Alcuni Talenti giocano nell'ombra, a volte dietro le quinte della vita, ma sono fondamentali, guai a chi non lo riconosce e guai a chi, avendo quel tipo di Talento, non lo mette a disposizione, autosvalutandosi.

Con il plettro in mano e un gran sorriso, Brian alza le braccia ed applaude George, nel fragore assordante di Wembley: George, stanotte, termina qui.

Dalla voce cristallina di George Michael, alla voce regina del pianoforte. Le note non puoi scambiarle per nessun altro brano al mondo. Questo è il pezzo più creativo ed incredibile che sia mai stato composto e suonato, nell'era della musica moderna: *Bohemian Rhapsody*. La zebra della tastiera è accarezzata, niente meno, che da Sir Elton John. Eccentrico, come solo lui sa essere. I tecnici del suono impazziscono a far tornare i conti dell'equalizzazione perché tutti, nessuno escluso, cantano e la voce del cantante, quasi scompare. Quando il pezzo, dopo i cori pazzeschi, diventa rock, il colpo iniziale della batteria coincide con l'esplosione di fuochi d'artificio, sul palco. Ma la vera esplosione è l'ingresso, di corsa, col kilt e la bandana rossa, di Axl Rose. E chi se lo aspettava? Axl ed Elton, di fianco, per il brano simbolo dei *Queen*. Brian alza il pollice: approva, insieme al pubblico, mentre Axl va dietro le quinte, ma tornerà.

È l'inizio della fine: come un monito, tocca a *The Show Must Go On*.

Inside my heart is breaking - My make-up may be flaking - But my smile still stays on.

Elton ricorda a tutti che la vita finisce, ma non finisce mai. Con durezza, sì, con responsabilità, più che altro, senza tristezza, però; e si scambia il microfono con Axl.

I concerti, Freddie, amava terminarli con 2 brani, uno era *We Will Rock You*. E dopo il pezzo di prima, la folla di Wembley canta insieme ad Axl, per confermare che la vita a volte è dolorosa, ma che il modo migliore è affrontarla con coraggio. Responsabilmente. Non andando a sotterrare i Talenti, come il servo pavido della parabola del Vangelo, ma non smettendo mai di usarli, anche quando fa male, anche quando siamo spaventati. E l'altro brano era *We Are The Champions*. Così Brian presenta sul palco Liza Minelli, per concludere il concerto.

Il brano, nato probabilmente per gioco, è un inno al Talento. *We Are the Champions* è una canzone trionfale, che corona perfettamente il lavoro portato a termine. Liza la interpreta come fosse a *Broadway*, nel migliore dei musical, il musical della vita spesa bene! E come in ogni musical, alla fine, tutti gli artisti tornano sul palco, a nutrirsi di applausi. Come nella vita, il Talento ottiene il massimo risultato solo se messo in comune, se condiviso. Con le meravigliose sfumature che Dio ha voluto donare a ciascuno di noi. Una cascata di applausi per tutti, ma forse un pizzico di più per I Tre. Consegnando per sempre, Freddie, ed il suo Talento, alla storia…

È stato bello ed intenso. Una tra le cose che maggiormente colpisce è la straordinarietà dell'immensa gamma di Talenti dell'Uomo. Un ghepardo corre velocissimo: è l'animale terrestre più veloce. Inseguendo le sue prede, per alcuni secondi, prima che gli scoppi il cuore, può correre alla eccezionale velocità di oltre 120Kmh. Un elefante è estremamente longevo: vive quasi quanto un uomo, divenendo insieme a lui, il mammifero che vive più a lungo. Alcuni animali possono mimetizzarsi molto bene, altri, per raggirare l'inverno riescono ad andare in letargo. Alcuni molluschi sopportano facilmente la pressione enorme degli abissi a 8mila metri sotto il livello del mare. Un falco pellegrino, in picchiata, è veloce come un piccolo aereo.

Ognuno degli animali è bravo a fare una cosa. Ma solo quella. Per noi, immagine e somiglianza di Dio, è stato riservato tutto il ventaglio dei Talenti.

Se guardi il video del *Freddie Mercury Tribute* puoi accorgertene. Normalmente si è abituati alla voce di un cantante specifico, sul suo brano.

Quando viene sostituita la voce, il brano non appare più lo stesso. Sostituire Freddie è impossibile; imitarlo è ridicolo.

Eppure io in quel concerto percepisco una magia ancora più grande, rispetto a quelli in cui era Freddie il *frontman*. Freddie era Freddie, non si discute. Il Talento, il carisma, la capacità di intrattenere, la profondità artistica. Siamo d'accordo.

Ma la sera del 20 aprile 1992 c'è stato qualcosa in più.

A volte si sente dire che l'insieme della parti ha un valore maggiore che non la semplice somma di queste. Forse vuole dire proprio questo: il FMT ha un valore maggiore rispetto alle stesse canzoni cantate solo dai *Queen*, perché puoi apprezzare un'infinità di sfumature in più. È bellissimo assistere a come classici della musica vengano interpretati da altri artisti, tutti eccezionali. Ciò che ci metteva Freddie, lo abbiamo conosciuto, apprezzato, sentito e ri-sentito e lo faremo chissà per quanti anni ancora. Però non sapevamo che sapore potesse avere, ad esempio, *I Want To Break Free* intonata da *Lisa Stansfield*, oppure *Under Pressure* accarezzata da *Annie Lennox*, o magari *Somebody To Love* fatta da George Michael, e ancora *Bohemian Rapsody* duettata da Elton John e Axl Rose, e, infine, *We Will Rock You*, strillata, sempre, da Axl.

Badate bene, il vero valore di quella musica è stato il suo insieme: alcune interpretazioni sono certamente delle perle, ma è il concerto nel suo insieme ad emozionare.

Tutti insieme, ciascuno con il proprio Talento, hanno cantato le canzoni di un amico, un artista straordinario. Arricchendole ognuno con il proprio gusto, con la propria sensibilità, con il Talento personale che Dio gli ha donato. È questa la meraviglia delle meraviglie. Ed è grazie all'impegno di più persone, che mettono a disposizione il proprio Talento per un obiettivo comune, che si realizzano le pagine più belle della nostra storia di Uomini.

18 FACCIA DA POKER.
NEW YORK, GENNAIO 2008.

Io, Stefani non la conosco di persona, ma ne sarei molto felice. Sarei davvero curioso di conoscere Stefani Germanotta. Conoscere il suo lato umano, apprezzare la sua vera essenza. Non conoscendola, dico questo, in effetti, solo perché trovo affascinante ed intrigante l'icona di questa ragazza americana, dalle origini italiane. Quindi non è corretto dire che *vorrei conoscere la sua vera essenza*; credo sia più giusto dire che vorrei conoscere la sua essenza *completa*. Un'icona, un'icona vera, non è un prodotto di marketing, ma l'estremizzazione di una parte dell'artista. Una parte vera, importante, profonda. Come una caricatura, solo che al contrario. Una caricatura prende i difetti di una persona e li esplode, lasciando quasi credere che ci siano solo quelli. Mentre creare un'icona significa prendere alcuni tratti, quelli più importanti, quelli che maggiormente lasciano il segno, insomma il Talento, e renderli un personaggio. Un essere senza tempo, diverso dalla persona che l'ha creato. Un essere che vive grazie all'energia che le persone gli trasmettono attraverso un applauso.

Stefani Germanotta per il mondo non è molto importante; credo siano pochissime le persone che la conoscono. Un po' come tutti, infondo. La sua icona, invece, la conoscono in tanti. Stefani le ha dato un nome, in modo che la si potesse *scrivere, chiamare, ricordare, criticare*, oltre che *desiderare*.

Stefani ha battezzato la sua icona *Lady Gaga*. Le icone, di solito, hanno dei nomi diversi dalle persone da cui nascono. Altre volte, l'identificazione tra icona e persona è talmente profonda che l'icona non viene battezzata. È il caso, ad esempio, di Michael Jackson oppure Elisabeth Tudor.

Una delle prime hit di successo, Lady Gaga la scrive nel gennaio del 2008, in appena pochi giorni. Lady Gaga scrive quel pezzo perché amareggiata da una storia d'amore finita male. Nulla di originale, ma chi ha Talento rende l'ordinario straordinario ed il pezzo rimane in testa alle classifiche di tutto il mondo per molte settimane. Questa canzone si intitola *Poker Face*.

Le icone nascono per via del desiderio degli essere umani di comunicare se stessi. E cioè di attuare il proprio Talento. Ma le icone, in realtà, vivono solo perché molte persone le nutrono.

Se proprio vogliamo essere onesti, quasi tutti tendiamo alla creazione di una nostra icona. Soprattutto oggi, nel mondo dei social network. Voglio dire che ciascuno, senza arrivare agli eccessi di alcuni artisti, va dal parrucchiere e dall'estetista per migliorare la propria immagine; quando una donna si trucca il volto, lo fa cercando di mettere in luce gli aspetti migliori e mascherando il più possibile i difetti. Quando vai a comprarti un capo d'abbigliamento, oppure un accessorio, scegli quello che ti dà l'impressione di *essere* ciò che vorresti *essere*. Un particolare vestito, pensiamo sia in grado di cogliere un tratto specifico della nostra personalità, che desideriamo vedano le altre persone.

Non ci trovo nulla di male a curare il proprio aspetto a livello estetico; ritengo sia solo un'evoluzione dell'igiene personale. Anzi, trovo stimolanti le persone che caratterizzano l'*esterno* della propria persona, con delle pennellate che derivano dall'*interno*. Tuttavia, come in ogni cosa della vita, a volte si esagera. Si rimane in trappola; la nostra immagine ci perseguita e ne diventiamo schiavi. Finendo, a volte, di desiderare di essere solo l'icona di noi stessi. Negando ogni altro aspetto di noi.

In questo caso, il processo di identificazione tra la nostra icona, cioè l'immagine che desideriamo si veda di noi, e noi "reali", è tale da far coincidere le due cose.

A questo punto succedono due cose: o sei nato col Talento enorme di Michael Jackson e le persone ti perdonano ogni stramberia, oppure sei solo un illuso, perché non hai il Talento che vorresti avere; e perdendo il tempo rincorrendo un'icona che ti sei messo in testa di *essere*, dimentichi di scoprire il tuo vero Talento e, *sotterrandolo*, non lo usi.

Questo meccanismo è alla base del perché tendiamo ad innamorarci di alcuni personaggi dal Talento indiscutibile: in realtà, proiettiamo su di loro i nostri desideri più intimi. Vorremo essere al posto loro; nel senso che anche noi vorremmo applausi fragorosi. Anche questa cosa, credo sia perfettamente ascrivibile alla normalità. Ed anche in questo caso, è l'esagerazione a creare problemi all'Uomo.

Voglio fare un passo in più nell'esplorazione dei meccanismi socio-psicologici dell'Uomo.

Perché abbiamo così bisogno di applausi? Di approvazione acclamata? Per spiegarne il motivo forse è sufficiente ricordare i nobili del '700 e il loro aspetto, esageratamente vistoso. Parrucche, belletti e fiumi di profumo. A parte la moda del tempo, il vero motivo era nascondere puzza e pidocchi. Tanto più ci si sente "sporchi", "brutti", tanto maggiormente si ha bisogno di abbellirsi.

Tanto semplice, quanto vero. Siamo fatti così.

Dal momento che questo passo in più nella direzione dell'introspezione non è stato poi così dispendioso, ne faccio un altro. Vi avverto: questo, certamente, sarà difficile e faticoso.

A questo punto ci si potrebbe chiedere come mai ci sentiamo "sporchi" e "brutti". Lo siamo veramente? La cosa più difficile di affrontare questo ulteriore passo è la risposta a questa domanda. Si. È proprio così. Siamo piuttosto lontani dall'esser perfetti, pur essendo immagine e somiglianza di Dio. E lo sappiamo bene. Ma non riusciamo a mandarlo giù. Ci risulta insopportabile accettare di essere limitati ed imperfetti. Addirittura, i più ostinati tra noi, hanno filtri mentali talmente potenti, che neanche sono consapevoli dei propri limiti. Una volta o l'altra, tutti abbiamo avuto questi filtri.

Non è molto intelligente da parte dell'Uomo, spendere così tanta energia per nascondere i personali limiti e difetti, da non averne più per mettere a frutto il Talento, anche se piccolo, anche se di quelli che lavorano nell'ombra, come il bassista John Deacon, dei *Queen*.

Anzi, è una vera cretinata. Si può affermare senza paura di dire strafalcioni, che questo è ciò che condanna l'Uomo a rimanere infinitamente piccolo. Più scalcia e sbraita e si affatica per apparire grande, più condanna se stesso alla mediocrità. Gran parte dei problemi sociali, politici ed economici sono dovuti all'incapacità dell'Uomo di usare i propri Talenti, condividendone i frutti. La maggior parte delle nostre risorse, se non tutte, le usiamo per creare ed alimentare le icone di noi stessi. Pensate a molti politici: invece di fare ciò che il mandato istituzionale richiederebbe, vista l'urgenza e l'importanza, impiegano il loro tempo ed i soldi pubblici unicamente nella replicazione del potere, fine a se stesso. Cioè svolgono solo attività che permetteranno loro di vedere affermata nuovamente la loro icona di uomini e donne di potere. Non tutti i politici, ovviamente. Ma molti sì. Altrimenti non saremmo finiti come siamo finiti.

Tutto questo accade in ogni ambiente, perché il vero problema dell'Uomo è l'incapacità di vedersi per quello che è. L'Uomo desidera volare più in alto possibile, come Icaro.

È per questo che ci piacciono le *facce da poker*.

Perché le *facce da poker* ci fanno dimenticare, per un attimo, puzza e pidocchi.

19 INVIDIA.
ROMA, OGGI.

Se al nitrato di potassio aggiungi carbone e zolfo, ottieni la polvere da sparo. Non sono gli elementi ad essere pericolosi perché esplosivi, bensì è l'unione di alcuni di questi, con le giuste proporzioni, che li rende tali. Non è solo la debolezza umana del narcisismo che ci impedisce di mettere a frutto i nostri veri Talenti, ma è la concomitanza con alcune altre circostanze.

Cercare, riconoscere e mettere a frutto i propri Talenti significa, tutto sommato, affermare che siamo immagine e somiglianza di Dio, e che il Talento ce lo ha dato Lui. Gli dei mal sopportano la presenza di colleghi, così alcune persone, accese dalla febbre di un enorme delirio di onnipotenza, non sopportano che le azioni degli Uomini di buona volontà dimostrino l'esistenza di Dio. Semplicemente, perché se Dio è quello che dà i Talenti, allora loro non possono esserlo.

Ma a tutto c'è rimedio, quando si è diabolici. Così ecco che vengono escogitati sistemi per fare in modo che il Talento delle persone non venga utilizzato. Il meccanismo è semplice. Sono invidioso del tuo Dio, che è vero Dio, perché fa scomparire me, che desidero tanto esserlo, ma che so bene di non poter neanche lontanamente reggere il confronto con il vero Dio. Allora ti tolgo la Sovranità Monetaria, allora faccio di tutto per impedire la tua Indipendenza Energetica: insomma invento ogni ostacolo possibile affinché tu non possa usare il tuo Talento, che offuscherebbe fino a fare scomparire la mia icona *formato-dio*.

La miscela esplosiva che, detonando, ha generato l'attuale crisi culturale dell'occidente è l'unione di queste due cosa. La vanità dell'Uomo e la sua invidia nei confronti di Dio.

È da sempre che le cose vanno in questo modo. Fin da quando il migliore tra tutti gli angeli del Signore non si mise in testa di essere grande come e più di Dio. Si chiamava Lucifero perché, nella sua grandezza, portava la luce. Ma a lui non bastò, diventò invidioso di Dio. E finì col divenire suo nemico. Chi è nemico di Dio, è nemico dell'Uomo. Ed infatti chi impedisce che i Talenti degli Uomini si sviluppino, impedendo al Creato di dare frutti abbondanti, è nemico dell'Uomo.

Chi impedisce che gli strumenti come la *moneta* e l'*energia*, consentano l'affermarsi del Talento, è un nemico dell'Uomo. Ma deve capire che il Talento, in ogni caso, trionfa. Perché viene da Dio. Il Talento è l'ispirazione dello Spirito Santo. Strumenti dalla potenza enorme come la Sovranità Monetaria e l'Energia facilitano enormemente lo sviluppo dei Talenti. Ma non ne sono il presupposto.

Perché il Talento è emozione. Il Talento fa emozionare. Quello vero, non quello che si ostenta perché non lo si possiede. Come al *Freddie Mercury Tribute*, il Talento è creatività, in condivisione, al servizio dell'Uomo.

Usare il proprio Talento regala tutte le emozioni che comporta essere ad immagine e somiglianza di Dio. Emozionarsi ed emozionare è possibile solo se riconosciamo ed accettiamo che non siamo dei.

Conosci una sensazione migliore di essere amato per il tuo Talento? Ah... si, è bellissimo! Lo abbiamo detto: adoriamo i talentuosi, perché proiettiamo su di loro il nostro bisogno naturale di essere apprezzati nelle cose che facciamo.

Ma c'è una sensazione ancora migliore. Questa di cui parlo, supera di gran lunga anche un applauso di 72mila persone. Sto parlando della sensazione di essere amato nonostante tutti i propri difetti, tutti i propri limiti. Questa è la sensazione migliore!

Pensa a quante volte proprio tu non accetti i tuoi limiti, non ti perdoni certe cose, non sopporti alcune parti di te. In ultima istanza, questo succede perché si pensa che gli altri, quelli cui vogliamo bene, non ci ameranno per via di questi nei. Portare dentro di noi il peso delle nostre bassezze, ci sfinisce. È davvero un fardello opprimente. Infatti, per cercare ristoro e sollievo dal peso della parte peggiore di noi, talvolta confidiamo ad una persona intima cosa ci soffoca il cuore. Liberarsi in questo modo ci fa sentire meglio per via del fatto che, dicendolo, ci accorgiamo che il nostro amico, tutto sommato ci vuole ancora bene.

Essere amati, nonostante i nostri difetti: questa è la sensazione più inebriante del mondo.

Portare il peso delle nostre bassezze mai accettate, è talmente doloroso, che si arriva a negare con decisione i nostri errori. Quando qualcuno sottolinea le nostre mancanze, a volte lo aggrediamo con forza. Si tratta del solito meccanismo di proiezione: copriamo di rabbia ed aggressività chi ci fa notare i nostri difetti, perché ci ricorda quanto siamo lontani dall'essere l'icona di perfezione che vorremmo, ma, soprattutto, perché ci proietta nel baratro spaventoso del *non essere amato*. Cresciamo con la convinzione inestirpabile che i nostri limiti umani non ci permetteranno di essere amati, come invece vorremmo, come invece necessitiamo. Che assurdità... chi è genitore ricorderà almeno una volta in cui il proprio figlio ha confessato una propria mancanza, realmente dispiaciuto e spaventato di perdere l'amore dei genitori. Il cuore, in quei casi ti si stringe, e tuo figlio, se possibile, lo ami ancora di più e non ti importa proprio nulla dei suoi difetti, dei suoi limiti e neanche delle sue marachelle. Perché l'amore non ha la calcolatrice, l'amore non è una gara o un concorso. L'amore è l'amore.

Angosciati da questa paura incontenibile di non essere amati, convinti che i nostri limiti siano chissà quanto di orrendo, neghiamo a noi stessi ed al mondo la nostra identità. Creiamo delle icone di noi stessi, basate su ideali di perfezione, di dominio, di potere. In questo modo però si ottengono solo due cose, in vero molto poco desiderabili: innanzitutto consumiamo una tale montagna di energia, per alimentare la grandiosità delle nostre icone, che non abbiamo più fiato per far vivere i nostri reali Talenti; e poi, in nome di questo spietato tiranno che è la nostra icona ed a favore della sua gloria, commettiamo le azioni più stupide che si conoscano, fino addirittura a commettere crimini. Allora sì che smettiamo di essere *amabili*...

Inoltre, non seguendo la propria natura, non si ottiene altro che insoddisfazione.

Non c'è pace per chi non supera la paura di non essere amati, per chi non affronta lo spavento di guardare negli occhi i propri limiti.

LA FORZA E LA CONSAPEVOLEZZA.
IL *FUOCO* CHE FORGIA E FISSA FORME E SAPORI.

20 INFINE, C'È CAGLIARI.
PESCARA, SETTEMBRE 2004.

Era la prima settimana di lavoro, dopo le ferie estive. In quel periodo, mi occupavo quasi esclusivamente di formazione aziendale. Le trasferte erano la mia routine: raramente mi capitava di lavorare nella mia città e quando succedeva, mi sembrava una specie di vacanza. Quando ero a Roma, coprivo le distanze con uno scooter. Roma è grande e trafficata. Uno scooter, se conosci le strade, è il modo più veloce per andare da un posto all'altro. Non certo il più sicuro. Un giorno, un ragazzo mi ha travolto con la sua utilitaria. Questione di millimetri e mi spezzavo l'osso del collo; invece, fu la clavicola a fratturarsi. Non usai più lo scooter. Ancora oggi, adoro le 2 ruote, sia col motore sia senza. Non ho paura di queste. Ma delle distrazioni altrui, ho un'autentica fobia.

Dicevo: era l'inizio di settembre ed ero in trasferta, come sempre, o quasi. A Catania faceva caldo come in piena estate, e ad un corso per promoter organizzato da una compagnia telefonica, si presentano una ventina di splendide ragazze, praticamente in costume. Dovetti fare appello a tutta la mia capacità di concentrazione, per non lasciarmi "distrarre" da tanta grazia. Lavoravo quasi sempre con giovani, cosa che ha molti lati positivi. Infatti ricordo quel periodo come uno tra i più soddisfacenti e piacevoli. Il difetto di quel lavoro era dover rincorrere sempre un treno o un aereo in partenza. L'ansia di non fare in tempo. Le lunghe ore da solo, in aeroporti e stazioni. Le noiosissime serate in albergo, davanti alla tv.

Dopo anni che svolgevo quel lavoro, tornai da Catania con 2 convinzioni, una delle quali avrebbe influenzato la mia vita: Catania è una delle 3 città italiane con le ragazze più belle, secondo la mia personale classifica (ho avuto modo di lavorare praticamente in quasi tutte le province italiane). Ad un giovane single non abituato, potrebbe girare la testa. La seconda convinzione, che nutro tutt'oggi, è che, tranne in rari casi, le ragazze di provincia sono di gran lunga migliori di quelle di città come Roma e Milano. Nelle metropoli, le donne crescono con una diffidenza eccessiva nei confronti del mondo. Inoltre, troppo spesso, hanno obiettivi "grandiosi" in fatto di uomini (e del loro portafoglio). In provincia è tutta un'altra cosa. Con grande naturalezza e senza eccessiva malizia, puoi ottenere un appuntamento con la ragazza più bella della città. Uscire, incredulo, con lei per mangiare una pizza, frequentare la movida locale, essere presentato ai suoi amici che ti trattano come uno di loro, accade ogni giorno. A me è successo. Ecco perché maturai questa seconda convinzione ed ecco perché ha influenzato la mia esistenza.

Non volevo più avere una fidanzata romana. Volevo una donna semplice, viva, giocosa e non eccessivamente attenta alle gravi lacune (oramai croniche) del mio conto in banca. Decisi che la donna che sarebbe diventata mia moglie, doveva essere una persona nata e cresciuta in provincia. Un paio di anni più tardi, mi accorsi che queste caratteristiche le hanno anche le donne non italiane. È più facile che una straniera sia più alla mano di un'italiana metropolitana. In seguito, conobbi una ragazza, alla mano, bella, semplice. Straniera. La sposai ben presto.

Tornai da Catania e subito presi una corriera che in oltre 3 ore e mezza, mi portava fino alla stazione dei treni nella città di Pescara. Contando che il pullman partiva dal piazzale di fronte alla stazione Tiburtina di Roma, al conto del tempo necessario per giungere nella cittadina abruzzese, andava pure aggiunta una mezz'ora di taxi, che serviva per coprire la distanza tra casa mia e quel piazzale. L'Italia è stretta e lunga e sulla sua dorsale, ci sono i monti Appennini. Non particolarmente alti, ma comunque monti. Per traversare l'Italia da ovest ad est, alle latitudini di Lazio ed Abruzzo, se non vuoi usare un'auto tua, impieghi molto più che andare da Roma a Londra e poco meno che da Roma a New York. La conformazione del territorio italiano è tale da conferirle paesaggi ed ambienti sempre diversi e meravigliosi. Ma è anche uno dei motivi della difficoltà nei trasporti, con relativi disagi su economia e cultura. Ma questa è un'altra storia.

Se fosse esistito il volo Catania-Pescara, in meno di un'ora avrei potuto passare da un albergo sul mar Ionio ad uno sull'Adriatico. Invece impiegai mezza giornata. Comunque, arrivai.

In molti alberghi, oramai, ero di casa e la cena, da solo, così mi appariva meno triste. Finivo sempre per scambiare qualche battuta col cameriere di turno. In provincia, come dicevo, c'è gente meravigliosa. A Pescara, in albergo, mi conoscevano bene. E la cittadina faceva parte di quelle tre che guidavano la speciale e personale classifica delle italiche bellezze. Anzi, Pescara era la regina. Pescara è stata per anni sul gradino più alto del podio. Le ragazze più belle del mondo, per me, sono a Pescara. Arrivai che stava facendo buio e la temperatura andava velocemente rinfrescandosi. Tutt'altro clima rispetto a Catania. Viaggiare così freneticamente per lavoro è spossante. Ma ci sono lati divertenti (almeno per un periodo della tua vita). Ad esempio, io trovavo divertente e stimolante svegliarmi col clima africano ed andare a dormire con la trapunta.

Il mio amico cameriere mi consigliò il piatto migliore, che divorai di gusto e, dopo una doccia infinita, mi spalmai sul grande letto, ad imbiancarmi davanti alla TV.

Durante quella esperienza professionale, ebbi in seguito modo di apprezzare, feci formazione a circa 2000 persone ogni anno. Per alcuni anni. Negli anni precedenti, giravo l'Italia, anche se con ritmi meno serrati, facendo visite ispettive alle PMI che avevano la certificazione ISO 9000. Posso quindi affermare di aver conosciuto un sacco di persone, in tanti posti diversi. Tra tutte queste migliaia di persone e centinaia di aziende, quella mattina incontrai le migliori di tutte. Simpatiche, attente, divertenti e stimolanti. Furono 2 giorni eccezionali. Fossero sempre così, il lavoro di formatore sarebbe come trascorrere le giornate a Disneyland.

Invece ci sono le distanze, ci sono gli Appennini, ci sono le ore di solitudine, ci sono le persone maleducate. E le trasferte a Catania e Pescara, un giorno, non mi bastarono più. I lati negativi, cominciarono a pesare troppo e non ebbi più la motivazione necessaria. Svolgere quel lavoro è possibile solo basandosi sull'entusiasmo, ed io lo persi.

Ma quella volta, a Pescara, ero ancora molto contento di fare quel lavoro. E si parlò, tra le varie cose, anche proprio di *motivazione*.

Capitò che un ragazzo, diciottenne, se non sbaglio, fosse al suo primo giorno di lavoro. Pensate un po': viene assunto e il primo giorno di lavoro va in aula a fare formazione. Io mi sentii la piacevole responsabilità di questo battesimo. E capitò che questo ragazzo fosse un individuo molto curioso, intelligente e anche simpatico. Nel momento iniziale del corso, quando ci si presenta, raccontò di sé e delle sue ambizioni, entrando per la prima volta nel mondo del lavoro. Raccontare e condividere sogni e speranze, divenne un modo per stimolare i ragazzi. Stimolò anche me; furono delle ore splendide.

In breve tempo, si finì con l'affrontare le dinamiche del processo d'apprendimento. Questo perché individuammo nell'apprendimento il presupposto per la crescita personale: fatto indispensabile per raggiungere le mete fissate dalle ambizioni di ciascuno dei presenti.

E così mi trovai, particolarmente ispirato, ad aprire il cofano del motore. Potevo finalmente raccontare a quei ragazzi cosa stava succedendo nel loro cervello.

Forse per via del Talento, forse per l'esperienza accumulata, forse per gli anni di studio, probabilmente per tutte queste cose insieme, improvvisai ma ottenni successo.

Coinvolsi i ragazzi con una serie di domande su come trascorrevano il tempo libero. Tra tutte le risposte, decisi di scegliere "le partite di calcetto" come risposta esempio. Chiesi loro se trovavano faticoso correre appresso al pallone, rischiando che qualche calcio mal tirato procurasse loro lividi e distorsioni. Dissero di no. Riepilogammo: correte come matti e rischiate di farvi male, eppure trovate divertente giocare a pallone. Non lo trovate faticoso. Giusto? Si.

Perché?

Perché è divertente.

Si, ma cosa determina il divertimento?

Facce pensanti, perplesse. Qualche sorriso. Il rumore dei meccanismi cerebrali spinti *avanti tutta*. Vivevo per quei momenti; adoravo aver contribuito alla "crescita" di una persona.

Piano piano, adottando un po' di maieutica, riuscimmo ad individuare cosa rende *divertenti* alcune cose piuttosto che altre. Facemmo un elenco di queste cose, alla lavagna, e continuammo a ragionare.

Mettemmo a confronto ciò che era divertente e stimolante per qualcuno e noioso e faticoso per altri. Cercavo di far venire fuori la discriminante. In quel modo, i ragazzi avevano fatto un passo avanti nella consapevolezza, ma si erano arenati, concentrandosi troppo su cosa fosse piacevole e cosa no, piuttosto che sul perché. Conservammo ciò che avevamo scoperto di buono e di utile, ma cambiai strategia.

Mi venne in mente di chiedere loro se ritenevano che fare sport avesse degli effetti visibili sul corpo. La domanda appariva stupida (come io desideravo) e, così, dovetti sollecitare le risposte: ma certo! Chi fa sport si vede, mi dissero.

Confermai; i nuotatori, ad esempio, hanno i muscoli di braccia e torace, molto sviluppati; invece, i ciclisti ed i calciatori, quelli delle gambe. E così via. L'esercizio fisico induce un fenomeno che viene chiamato *ipertrofia muscolare*, sentenziai. Un processo di adattamento del corpo umano che fa aumentare la crescita muscolare, quindi il volume, di quelle parti che vengono sollecitate maggiormente dall'attività.

Ebbene, se invece alleno la mente, si vede? La domanda stavolta non era volutamente sciocca, ma provocatoria. Silenzio.

Se studio ed imparo delle cose, il mio corpo cambia forma? Precisai.

Il brusio di confronto tra i ragazzi denunciava il loro interesse ed io ero fermamente risoluto a svolgere un buon lavoro. Invece che risposte singole, alla fine arrivò una risposta di gruppo. Ancora meglio.

Se impari delle cose, l'aspetto del tuo corpo non cambia, ma sai fare delle cose nuove, quindi muovi il corpo in modo diverso.

Si, ma no. Cioè: non tutto è vero...

Il corpo cambia forma, eccome se la cambia. Solo che in questo caso il muscolo in questione è racchiuso da un guscio protettivo e tu non lo vedi, da fuori.

Certe espressioni sono facili da leggere: avevo fatto centro, ero riuscito a stimolare il loro interesse ed ora mi trovavo a dover gestire la loro attenzione. Era una grande ricchezza che avevo tra le mani e ne ero consapevole. Provai ad ottenere il massimo.

Raccontai loro che esiste uno strumento, molto costoso, che si chiama PET. La parola è l'acronimo inglese che riassume i *termini Tomografia ad Emissione di Positroni*. Dedicai un po' di spazio alle spiegazioni: i tomografi sono dei macchinari che sfruttando le proprietà fisiche degli elementi, generano campi magnetici in grado di rappresentare il corpo umano a strati, quindi in maniera tridimensionale. Questa tecnica diagnostica ha una potenza rappresentativa, per la realtà interna al nostro corpo, decisamente maggiore, rispetto ai tradizionali RX, impiegati per produrre le *radiografie*. Il positrone, invece, è una particella subatomica; come elettroni, protoni e neutroni. È l'antiparticella dell'elettrone, una sorta di elettrone allo specchio. Ha una carica pari a +1, a differenza dell'elettrone che è -1.

Questa sua caratteristica conferisce al positrone la capacità di rilevare gli elettroni. Dissi, semplificando molto il discorso. Ogni volta che una persona apprende qualcosa, il suo cervello cambia forma. O meglio, cambiano i segnali elettrici che lo attraversano, di continuo. Anche quando dormiamo. Questo fenomeno accade perché i neuroni, le singole cellule del nostro cervello, immagazzinano le informazioni che i nostri sensi e la memoria raccolgono, vivendo. I singoli pezzetti di "conoscenza" che vengono custoditi all'interno dei neuroni, in effetti servono a poco, se considerati gli uni separati dagli altri. Infatti i neuroni comunicano tra di loro, scambiandosi le informazioni. I latini non avevano la PET, tuttavia avevano compreso il meccanismo cerebrale ed infatti il vocabolo *intelligenza* deriva proprio dall'intuizione di questo meccanismo cerebrale. Essere in grado di rielaborare le informazioni che raccogliamo dall'ambiente intorno a noi, significa mettere in relazione diverse informazioni, tra loro. Cioè, *collegare tra loro* diversi neuroni. In latino, *inter ligo*.

Il clima in aula era di partecipazione ed interesse e, per un formatore, non c'è niente che dia più soddisfazione.

Continuai: i neuroni si trasmettono reciprocamente le informazioni, attraverso dei minuscoli impulsi elettrici. In questo modo, si formano delle comunità di neuroni, delle reti di neuroni che condividono informazioni relative a determinati contesti. Adattarsi agli stimoli dell'ambiente in cui viviamo e rielaborare le informazioni provenienti dai nostri sensi, significa stimolare i neuroni a comunicare tra loro, creando reti che più vengono stimolate, più divengono "stabili". Ecco perché *repetita iuvant*. L'esercizio e la ripetizione, migliorano l'apprendimento in quanto permettono ai neuroni di costruire connessioni elettriche, via via sempre più stabili. È facile comprendere che il livello di intelligenza di una persona dipende da 2 cose: dalla capacità naturale innata dei suoi neuroni di stabilire connessioni stabili tra loro e dalla quantità di esercizio che i neuroni fanno (cioè da quanti stimoli ricevono da rielaborare). La prima non dipende da noi, ma dalla genetica. Sulla seconda, invece, abbiamo qualche responsabilità...

Talvolta venivo fermato, nel ragionamento, da qualche domanda di approfondimento, che, a seconda della sua natura, schivavo elegantemente oppure accoglievo. In effetti, la dinamica dell'apprendimento umano è di tale complessità che per affrontarla in maniera esauriente, non basta né un capitolo, né tanto meno una spiegazione ad un corso di formazione per venditori. Quindi non potevo, né sarebbe stato utile, entrare nel merito della biologia, della fisiologia, della neurologia. Avevo ottenuto la fiducia dei ragazzi e giocavo le mie carte con sicurezza, guidandoli in quel percorso di conoscenza: *questo, per ora non ci interessa, questo invece, sì*.

Stavamo parlando della PET e della sua capacità di rilevare i campi magnetici prodotti dai circuiti elettrici. Visualizzare un cervello umano con una PET consente di mettere in evidenza quali reti neuronali siano in quel momento attive. Se adotto questa tecnologia in 2 momenti diversi, prima e dopo un *apprendimento*, posso scoprire che l'ipertrofia coinvolge pure la materia grigia. L'apprendimento modifica la struttura del nostro cervello. Una cosa che va sottolineata, tra le altre, è che i muscoli, con il trascorrere del tempo, diminuiscono di potenza e tonicità e, di conseguenza, anche la capacità di adattarsi agli sforzi; nonostante il movimento sia importante sia per i giovani che per gli anziani. Per quanto riguarda la capacità del cervello di apprendere, essa rimane invariata. A parte i primi 2-3 anni della vita, momento in cui il cervello si trova a dover apprendere tutto, quindi è costantemente iperattivo ed assorbe come una spugna, in generale il cervello ha la stessa capacità di adattarsi in ogni stagione della vita. Non credete quindi alla storia dell'invecchiamento del cervello. Esistono alcune malattie degenerative molto brutte, come il morbo di *Alzheimer*, che colpiscono durante la vecchiaia. Ma in condizioni di salute, il cervello non smette di poter fare certe cose.

Allora come mai più si cresce, più è difficile imparare cose nuove? Mi chiese qualcuno…

Questo effettivamente succede per 2 ragioni: più viviamo più il nostro cervello possiede dati da rielaborare. Più il cervello possiede dati da rielaborare, maggiori saranno gli scambi tra loro e le relative reti neuronali. Alcune di esse saranno eccezionalmente stabili. Potremmo spiegare questo fenomeno facendo riferimento alla grande fatica che si compie per cambiare le abitudini. Le abitudini non sono altro che connessioni molto stabili ed antiche, tra i neuroni. È più facile creare connessioni nuove piuttosto che decostruire connessioni già esistenti per poi stabilirne di nuove. Ma più facile ancora è affidarsi alle reti già esistenti.

Costruire connessioni richiede moltissima energia, e la nostra macchina biologica si è evoluta con la priorità del risparmio energetico. Preferiamo fare meno sforzo possibile, in ogni attività. L'evoluzione ha preso questa direzione, nei millenni, per cercare di ridurre l'impatto negativo della scarsità di cibo. Risparmiare energia può fare la differenza tra vivere e morire!

Allora il cervello preferisce battere strade già costruite, dove si viaggia facilmente, senza consumare chissà quanto. Ecco perché le abitudini non muoiono così facilmente. È un sistema di sicurezza che abbiamo maturato in migliaia di anni di faticosissima evoluzione.

Riepilogando: più si va avanti con l'età, meno siamo disposti ad imparare. Non perché il cervello, come i muscoli, perda di funzionalità, bensì perché si dispone di un gran numero di reti neuronali già attive e perché crearne di nuove è assai dispendioso. Per queste 2 ragioni, si finisce coll'abbandonarsi all'inerzia della vita e si perdono le occasioni che incontriamo di apprendere ancora.

Un neurone, quando comunica le sue informazioni ad altri neuroni, è paragonabile ad una centralinista che debba, contemporaneamente, parlare con, ed ascoltare, qualche centinaia di migliaia di altre centraliniste. Capite bene quanto tutto ciò sia un'attività estremamente dispendiosa a livello energetico. Il cervello si nutre di zucchero, semplicissimo zucchero. Poi servono un'infinità tra vitamine, minerali, acidi grassi ed altri principi nutritivi, per mantenerlo vivo ed in salute, per lubrificare gli ingranaggi, per il ricambio cellulare; ma per il suo funzionamento, solo $C_6H_{12}O_6$, zucchero semplice. Glucosio. E ne consuma a tonnellate. Più che i muscoli durante un allenamento, in proporzione. E insieme allo zucchero serve anche molto ossigeno. Infatti, se per una qualche sfortunata vicenda, restiamo senza ossigeno, i nostri muscoli non ne risentono, ma il cervello dopo pochissimi istanti, già si guasta. Il cervello è un organo meraviglioso, ma anche delicatissimo, nel suo funzionamento.

A questo punto, soddisfacendo altre mille domande ed approfondimenti, ritenni di essere riuscito, a grandi linee, a raccontare come apprende l'uomo, così mi avvicinai alla lavagna e comincia a disegnare.

Disegnai delle casette e dissi loro che quelle rappresentavano i neuroni. All'interno delle casette vivevano le informazioni. In ciascuna casetta, un abitante diverso. Disegnai delle piccole automobili con la funzione di percorrere lo spazio tra le casette. Disegnai una pompa di benzina, il cui simbolo era la formula del glucosio.

Le macchinine trasportavano le informazioni, tra una casetta e l'altra, grazie allo zucchero. Restava di capire alcune cose.

Se le casette sono i neuroni, gli abitanti sono le informazioni, la benzina è lo zucchero, cosa sono le macchinine? E per quale motivo si mettono in moto?

Proseguii nel mio gioco maieutico.

Per quanto riguarda le piccole auto fu facile: rappresentano qualcosa che trasmette informazioni tra i neuroni, quindi arrivammo in breve tempo alla definizione di *neurotrasmettitore*. Più complesso, fu invece, intuire il resto. Lo scrissi ne *La Gallina di Pericle*: ciò che è sotto gli occhi di tutti, è difficilmente visibile. E così fu anche quella volta.

I neurotrasmettitori sono molecole di diversi tipi, una cinquantina in tutto, che vengono rilasciate dai neuroni, conseguentemente ad uno stimolo ed in base alla sua natura. I nomi di alcuni tra i più importanti neurotrasmettitori sono certamente conosciuti anche da chi non ha conoscenze mediche: dopamina, adrenalina, noradrenalina, endorfina, serotonina, melatonina, istamina, insulina.

Cosa provoca il rilascio di queste sostanze da parte dei neuroni?

Nel disegno alla lavagna, cosa innesca il carburante delle macchinine, per andare da una casetta all'altra, trasportandone gli abitanti? Nei motori a scoppio, tradizionalmente, questa funzione la riveste la *candela*. Quel piccolo oggetto cilindrico che se si bagna, mette in discussione la possibilità di far muovere l'auto. C'è davvero poca tecnologia, dietro ad una candela, rispetto ad altre parti del motore. Eppure ricopre un ruolo determinante. Potremmo dire che chi o cosa dà fuoco alle polveri (o al carburante, o a qualsiasi altra cosa) gioca il ruolo di *condizio sine qua non*: letteralmente, dal latino, condizione senza la quale non... In altre parole, se non c'è quello, il resto non funziona.

Nella realtà dell'Uomo, cos'è la *candela*? Chi svolge quella funzione determinante? La risposta a questa domanda è il motivo per cui racconto di queste vicende abruzzesi.

Lasciai che il silenzio svuotasse le orecchie da tante parole e concedesse spazio alla riflessione, all'intuizione. In quel momento, miliardi di neuroni scambiavano a ritmo convulso un numero incommensurabile di informazioni, cercando di interpretare la realtà. Di dare senso agli stimoli derivanti dall'ambiente.

Posai i pennarelli colorati con i quali avevo disegnato alla lavagna e, con grande discrezione, rispettai l'*apprendimento* dei miei ragazzi. Rimasi qualche minuto a guardarli, meravigliandomi della straordinaria capacità che Dio ha concesso al nostro cervello. Apprende. Tutta la vita. Quasi illimitatamente.

In quei minuti in cui mi godevo lo spettacolo del Talento umano al lavoro, riflettei su una cosa: nei nostri sistemi culturali esiste il ruolo di insegnante. Siamo convinti che qualcuno possa insegnare. Bisognerebbe invece riflettere molto sul fatto che l'insegnante non può proprio nulla. È, piuttosto, l'Uomo a poter apprendere. Ma solo se desidera farlo. Se può farlo. Al massimo, un insegnante, può essere considerato "facilitatore d'apprendimento" mutuando la dicitura introdotta da Malcom Knowles, grande studioso statunitense dell'apprendimento umano degli adulti, in particolare.

Il silenzio non durò a lungo; le prime *macchinine*, arrivate a destinazione, cominciavano a scaricare dal portabagagli un gran numero di informazioni che, con lena da campioni, venivano rielaborate.

Iniziò un confronto, acceso e dibattuto tra i ragazzi. Io cercavo di influenzare il meno possibile. Si arrivò ad un dubbio. Non l'avevo previsto. Ma imparai qualcosa: imparai che un gruppo di persone, quando ragiona insieme, scevro da pregiudizi e da condizionamenti, diventa come un organismo unico. Un cervello potentissimo. Decisamente più veloce, intuitivo e creativo di quanto possano essere i singoli che lo compongono. Nessun processore informatico al mondo è in grado di legare tra loro informazioni così diverse, dando loro senso, come i cervelli di un gruppo coeso. I computer battono l'uomo solo nella velocità di calcolo. Ma questa non è intelligenza.

Il dubbio era: in buona sostanza, come si potrebbe definire l'apprendimento?

Dovetti intervenire, perché nonostante c'erano chiari ed inequivocabili segnali che mi rassicuravano sul fatto che quei ragazzi avrebbero potuto trovare da soli una definizione convincente, utile e realistica, tuttavia, si sa, il tempo è tiranno, è intervenni per ridurre quello impiegato.

L'apprendimento può definirsi la *modifica consapevole del comportamento*, dissi.

Da quel momento, ripresi in mano le redini del gruppo e guidai i loro sforzi, velocemente, dove ci si era riproposti di arrivare: comprendere cosa genera l'apprendimento.

È la motivazione.

Avere un motivo valido, un perché. Può trattarsi di un obiettivo personale, di una meta culturale mutuata dalla società. Può trattarsi di un motivo di salute personale. Può trattarsi di ciò che volete; a patto che ci emozioni! Se siamo emozionati, abbiamo un motivo valido per compiere quello sforzo enorme che è creare connessioni stabili tra centinaia di migliaia di neuroni.

Se siamo emozionati abbiamo la motivazione necessaria per cambiare come stiamo al mondo. Se abbiamo la giusta motivazione, possiamo apprendere ciò che vogliamo.

Ah, dimenticavo... nella mia personale classifica delle 3 città in cui abitano le ragazze più belle d'Italia, dopo Catania e Pescara, infine c'è Cagliari.

21 COME L'ACQUA PER IL CIOCCOLATO.
MESSICO, PRIMI DEL '900.

L'emozione è *l'acqua che rende fertile la terra*.

Per la nostra vita, l'acqua è la *condizio sine qua non*; per la nostra vita, l'emozione è come l'acqua: necessaria, causa prima di ogni cosa, irrinunciabile elemento della vita. Se non vivo le emozioni, se non provoco emozioni, non sarò in grado di usare il mio Talento. Se non mi affido al mio Talento, non sarò in grado di vivere le emozioni.

Altresì, è necessario adottare un metodo, affinché il Talento possa essere espresso nel modo migliore possibile. Per crescere rigoglioso e forte, ha bisogno di affondare le radici nella terra, ha bisogno di radici solide e ramificate. Il metodo è il modo di cui l'Uomo dispone per assicurarsi uno sviluppo in *altezza*.

L'emozione è ciò che dà la spinta, la motivazione a fare le cose. L'emozione è l'acqua che consente la vita.

Tuttavia bisogna maturare consapevolezza circa la forza del proprio Talento. Senza questo passaggio, non saremmo in grado di scegliere se agire secondo Talento, oppure cercare di essere una falsa icona di sé.

Nel 1992, un film raccontava una storia messicana di inizio secolo scorso. Donna Elena rimane vedova e si occupa molto poco delle 3 figlie, impiegando tutto il suo tempo nella gestione della fattoria di famiglia. Il film narra le vicende della figlia minore. Lei, Tita, è molto diversa dalle sorelle. Se il buon giorno si vede dal mattino, Tita nasce prematura, in cucina, perché irresistibilmente attratta dagli odori del pranzo preparato dalla cuoca. Tita sarà cresciuta ed amata più dalla cuoca che non dalla madre, motivo per cui imparerà l'arte dei fornelli ed avrà sempre un pessimo rapporto con la madre, distaccata ed autoritaria. Tita invece è una donna che mette, nei piatti che cucina, tutta la sua passione. Le tradizioni, a volte, andrebbero riviste. È il caso di quella messicana che prevede che la minore delle figlie non si sposi per accudire la madre, in vecchiaia: per Tita non c'è scampo. La povera ragazza si innamora di Pedro ma i due non possono sposarsi, così escogitano, *shakespearianamente*, di fare in modo che Pedro divenga marito della sorella maggiore. Questo stratagemma avrebbe, secondo i piani dei giovani amanti, dovuto garantire a Pedro e Tita di rimanere comunque "vicini". La vecchia madre, diabolica, comprende i piani di Tita e Pedro e manda la nuova coppia a vivere fuori dalla fattoria, dove avranno un figlio, ben presto. La sorte avversa, per Tita non finisce qui e a pochi mesi dalla nascita, suo nipote, figlio di Pedro, muore. La ragazza entra in depressione. Sarà il giovane medico John a guarirle il corpo e l'anima. Tra i due sembra scoppiare l'amore ma il dottore viene piantato sull'altare perché Tita non ha scordato Pedro, così torna alla fattoria. Trascorrono alcuni anni e la sorella maggiore, moglie di Pedro, muore. Finalmente potrebbero sposarsi, se non fosse che Laura Esquivel, ideatrice della storia, è un'inguaribile sadica. Per la gioia, a Pedro scoppia il cuore. L'ennesimo lutto, distrugge le speranze di Tita, che non riesce ad immaginare altro che il suicidio.

Affascinante, l'intreccio tra ricette e pietanze sublimi, con le passioni di Tita. Gli stati d'animo sono spesso percepibili nelle opere d'arte e, infondo, quella culinaria è un'arte, anch'essa. Quindi il parallelo tra piatti cucinati e le emozioni di Tita è un modo notevole di raccontare una storia. Però a me è rimasto l'*amaro in bocca*, rimando in tema di sapori. Sono un sociologo e so bene quanto la cultura in cui viviamo possa influenzare la nostra esistenza. Tuttavia sono prima di tutto un Uomo e so altrettanto bene che c'è sempre una scelta, un'alternativa. Certo, le scelte hanno un prezzo che a volte è molto alto. Inoltre, le scelte presuppongono il coraggio e la fede e questi non figurano sempre nell'elenco dei Talenti in dotazione di ciascuno.

Però non è detto che una famiglia ed una tradizione opprimenti non possano essere vinte, superate, arginate, disinnescate, neutralizzate. Tutta quella energia esistenziale, quella creatività che Tita convogliava in cucina, tra i fornelli, avrebbe potuto essere impiegata per affrancarsi da ciò che ogni cultura ha di vecchio ed inadatto, avrebbe potuto andare a vantaggio di un percorso di emancipazione dall'ascetismo castrante della famiglia d'origine, come esempio per tutte le donne, e del percorso da intraprendere per l'evoluzione del ruolo femminile in società.

Chissà, forse Tita era troppo invaghita di come Pedro la faceva sentire; forse Tita aveva creato un'icona di sé, lontana dal proprio Talento, che pure era sotto gli occhi di tutti. Quello che è sicuro è che Tita non ha usato il suo Talento nella giusta direzione.

Ha lasciato che le vampe della passione offuscassero la sua sensibilità. Le fiamme l'hanno divorata, trascinandola in un vortice di inutilità... Il suo Talento non è servito a niente e a nessuno.

Un'espressione idiomatica spagnola è stata la fonte di ispirazione per il titolo. Una frase molto evocativa che rappresenta bene l'intreccio del film. In spagnolo si dice "como agua para chocolate", quando si vuole indicare qualcuno che brucia di passione, brucia come l'acqua che serve per cucinare, nei freddi pomeriggi invernali, la cioccolata, da servire nelle tazze, cremosa ed irresistibile.

Se non si trova il modo di essere consapevoli dei propri Talenti e della direzione in cui vanno spesi, si finisce per bruciare di passione per la vita, senza fare nulla di buono.

Senza la consapevolezza del Talento, non abbiamo forza.

Fate di tutto, per non essere come l'acqua per il cioccolato!

22 NON SIAMO COSÌ SOLI.
MILANO, 21 APRILE 2009.

La domenica sera è sempre un momento particolare. Al mattino ci si sveglia con calma e durante il giorno ci si riposa, dedicandosi ad attività, a volte, perfino noiose. Ma tutto sommato, un pizzico di noia, dopo le fatiche settimanali, aiuta a rilassarsi, a ricaricarsi. Dopo cena, però tornano alla mente gli impegni, le scadenze, le responsabilità. La domenica sera non mi è mai piaciuta. Mia moglie ed io eravamo a casa. Veronica aveva una pancia enorme perché mancavano 3 settimane al parto. Mangiammo, io sparecchiai e cominciammo a scegliere quale programma ci avrebbe intrattenuto in TV. Una sera come tante. Una domenica noiosa.

Sprofondati sul divano a guardare trasmissioni anonime, non avremmo immaginato che 16 giorni dopo alcuni amici avrebbero cantato al mondo che, qualsiasi cosa succede, non siamo soli. Non siamo così soli.

Uno di fianco all'altra, con un cucciolo in arrivo, pensavamo alle prime ore della vita, non alle ultime.

La domenica è noiosa, a volte. Qualcuno si sarebbe annoiato per l'ultima volta.

Domenica 5 aprile andammo a dormire, tranquilli, come tanti altri.

Trascorsero alcune ore; mia moglie indossava una camicia da notte azzurra, di cotone. Il tessuto, sulla pancia, era teso e le maglie della stoffa fasciavano strette il ventre che ospitava mia figlia. I brividi invernali avevano già lasciato il passo al tepore d'aprile. Ricorderò sempre quella camicia da notte, non solo perché a stento cingeva di mia moglie.

È notte fonda. Mia moglie respira serena. Con quell'aria ci vivono in due, pensai. Da quando era iniziata la gravidanza, non avrei mai più dormito profondamente. Una parte di me sarà sempre in ascolto: mia moglie che ha bisogno di qualcosa, poi un vagito, una vocetta, un lamento. Dormo, si. Mi riposo. Ma al primo rumore, scatto come una molla, sul letto. Pronto ad intervenire.

Alle 03.32 di lunedì 6 aprile 2009 fu la prima volta che mi accorsi di questa mia nuova capacità. Passare dal sonno alla lucidità dell'azione, in men che non si dica. Avvertii il letto vibrare; velocemente, come solo i pensieri possono fare, compresi che non era Veronica che si rigirava, ma un terremoto.

Quel periodo abitavamo in una mansarda al 6 piano di un palazzo costruito quasi in cima ad una strada in salita. Roma, si sa, è tutta un saliscendi. Quando scattai in piedi in una frazione di secondo per portare mia moglie sotto un trave portante, come consigliano gli esperti, e pregare forte, entrambi non potevamo sapere che l'epicentro era ad oltre cento chilometri da casa nostra. E l'intensità corrispondeva ad una magnitudo di 6.3 Mw.

Fiumi di adrenalina mi facevano pulsare le arterie del collo fin quasi a darmi l'impressione di scoppiare. Ma, diavolo di un neurotrasmettitore, fa bene il suo lavoro. Ero vigile, perfettamente lucido e pronto a qualsiasi cosa pur di proteggere Veronica e la sua pancia. Lei, più intontita che spaventata, fu docile e sottomessa al mio intervento. Io, di paura, per il momento, neanche a parlarne. Troppa adrenalina mi rendeva sfrontato di fronte all'indomabile forza distruttiva di un terremoto.

Durò un'eternità. Sotto la trave portante, abbracciavo la mia donna ed il mio cucciolo. Poi il silenzio. Per qualcuno quella manciata di secondi, furono gli ultimi. Il resto della notte trascorse tra scosse di assestamento e paura che arrivi "quella grossa".

A Roma, "quella grossa" era arrivata attutita. Non aveva provocato danni. Noi al sesto piano avevamo percepito le oscillazioni del palazzo, in aggiunta ai sussulti della terra. Non avevamo capito che quello che ci aveva svegliato, era stata la coda di "quella grossa". L'epicentro fu in Abruzzo. Al centro dell'Italia.

La zona attorno al capoluogo, L'Aquila, fu devastata. Le immagini che i Tg del mattino trasmettevano erano terribili. Ma ancora peggio, la conta dei morti. Il numero desolante cresceva di minuto in minuto. Si mobilitò mezza Italia e la *Protezione Civile* ebbe il suo bel da fare a coordinare migliaia di volontari, desiderosi di contribuire.

Alla fine, si contarono 309 persone che quella mattina morirono sotto le macerie. Scavare giorni interi alla ricerca dei corpi straziati, fece comprendere a tutti quanto siamo piccoli di fronte alla maestosa potenza della Natura. Paura, tristezza, desolazione e disperazione. Ma anche tanta solidarietà. L'Uomo, di fronte ad eventi come questi, riscopre il legame che unisce tutti gli abitanti della Terra. Comprende che i nostri destini sono legati. Che non è vero che siamo soli. Conduciamo vite socialmente insoddisfacenti, ma non siamo soli. Viviamo la società di massa, eppure il senso di solitudine è più diffuso di quanto non si riesca a credere. Ma, non siamo soli.

Troppo spesso dimentichiamo di condividere. Invece ci ricordiamo di farlo, quando la morte ci sfida a duello; qualcuno cade sul campo, ma quelli che restano serrano i ranghi. E stretti stretti, come una sola cosa, ricacciamo negli inferi i fantasmi della morte. Solidarietà, gratuità, solerzia.

Perché le riscopriamo solo quando la terra inghiotte i palazzi?

Dovremmo riflettere ed imparare. Non soltanto che le case non si costruiscono con la sabbia. Ma che le persone dovrebbero mettere in condivisione il Talento, sempre.

La mobilitazione, come detto, fu generale: in un modo o nell'altro, contribuimmo tutti. Ciascuno con ciò che poteva dare, con ciò che sapeva fare.

Anche gli artisti. Qualcuno si mise a scrivere una canzone. Poi ne rilesse il testo e lo trovò bello. Decise di arrangiare la musica. Ma per farlo coinvolse alcuni amici. Chiama questo, chiama quest'altro, "alcuni amici" divennero "molti amici".

Un artista scrive canzoni e le canta perché è la sua natura: non può fare diversamente. È il motivo per cui Dio l'ha messo al mondo. Se non canta, sta male perché è costretto a tenersi dentro tutte le emozioni, tutto il Talento. Queste cose, però, non sono fatte per stare dentro. Per questo, un artista canta.

Quel gruppo di amici decise, che visto che tanto avrebbe cantato e suonato comunque, tanto valeva trovare il modo di farlo diventare il proprio contributo a chi era stato investito dal terremoto.

Avrebbero venduto la canzone e i proventi sarebbero stati destinati come fondo per la ricostruzione del teatro e del conservatorio della città martoriata. La canzone fu cantata in memoria delle vittime del terremoto e dedicata a chi lavorava per la ricostruzione: *Se siamo insieme, il domani è già qui.*

A questo punto dovreste lasciare per un attimo il libro e godervi su Youtube il video del brano che fu registrato e, immediatamente diffuso, il 21 aprile 2009, a Milano.

Un pianoforte manda qualche accordo. Semplice, dolce, dolcissimo, forse un po' triste. Ma non disperato. I ragazzi sorridono e si abbracciano. Sono amici. Alcuni, no; ma la solidarietà che porta ad offrire il proprio Talento, fa riscoprire che siamo tutti fratelli della grande famiglia umana. La sala di registrazione è buia, qualche luce, semplice ma ben posizionata, illumina gli artisti. Inizia Luciano Ligabue… a ciascuno toccano poche parole, una manciata di note. L'emozione del momento scorre attraverso i diffusori; senti che non ti basta, che ne hai bisogno di più, allora azioni il volume e che sentano tutti! Qualcuno si affida ad un foglio: il compito è poca cosa, ma è così importante che non c'è spazio per l'errore. Un artista sa che non può essere sopraffatto dall'emozione, dalla passione, come Tita. Il metodo è importante e aiutarsi con il testo scritto, non riduce l'intensità, anzi la sottolinea. Le voci si mescolano, si rincorrono, danzando sullo spartito. C'è ancora solo il piano… è il momento della voce aperta, sincera, alta ed intensa di Francesco Renga. Con lui parte anche il ritmo. Delicato. La melodia s'intreccia con il rap. Parole serrate, in rima. Il pezzo prende quota. Le immagini di quei momenti puoi sentirle dentro, come la paura che si prova. Quando tocca a Baglioni, la batteria smette di fare la timida. Il primo ritornello: solo voci, tutti insieme, nessuna parola; solo emozione, solo Talento. Nella nuova strofa le tonalità si alzano e Laura Pausini ha il compito di incendiarti il cuore. Poi, di nuovo, il rap. Un genere nato per essere duro. Parole che racconta la verità, senza mezze misure. Jovanotti, J-Ax, Fibra e Sud Sound System: è il preludio alla tromba di Roy Paci. Torna la melodia e torna pure la poesia. È Giorgia a cantare per prima *Non Siamo Così Soli*…. Poi, man mano, da soli o in coro, tutti gli altri.

Chiude Lorenzo, *Domani è già qui, Domani è già qui!*

Tra le nuvole e i sassi/ passano i sogni di tutti (Ligabue)
passa il sole ogni giorno/ senza mai tardare. (Tiziano Ferro)
Dove sarò domani? (Enrico Ruggeri)
Dove sarò? (Gianni Morandi)
Tra le nuvole e il mare/ c'è una stazione di posta (Franco Battiato)
uno straccio di stella messa lì a consolare (Massimo Ranieri)
sul sentiero infinito (Max Pezzali)
del maestrale (Eugenio Finardi)
Day by day (Zucchero)
Day by day (Cesare Cremonini)
hold me/ shine on me. (Zucchero)
shine on me (Cesare Cremonini)
Day by day save me shine on me (Zucchero, Carmen Consoli, Mauro Pagani, Cesare Cremonini, Eugenio Finardi)
Ma domani, domani,/ domani, lo so (Francesco Renga)
Lo so che si passa il confine, (Roberto Vecchioni)
E di nuovo la vita (Mauro Pagani)

sembra fatta per te (Giuliano Palma)
e comincia (Elio)
domani (Elio e Le Storie Tese, Vittorio Cosma)
domani è già qui (Jovanotti)

rap 1 Estraggo un foglio nella risma nascosto, scrivo e non riesco forse perché il sisma m'ha scosso (Caparezza)
rap 2 Ogni vita che salvi, ogni pietra che poggi, fa pensare a domani ma puoi farlo solo oggi (Frankie Hi NRG)
e la vita la vita si fa grande così (Gianluca Grignani)
e comincia domani (Giuliano Sangiorgi)
Tra le nuvole e il mare si può fare e rifare (Claudio Baglioni)
con un pò di fortuna (Ron)
si può dimenticare.(Luca Carboni)
Dove sarò (Baustelle)
domani? Dove sarò? (Samuele Bersani e Baustelle)
oh oh oh (coro: Carmen Consoli, Antonella Ruggiero, Alioscia, Pacifico, Mango, Massimo Ranieri, Bluvertigo, Nek, Giuliano Palma, Antonello Venditti, Roberto Vecchioni, Albano)
rap 3 Dove sarò domani che ne sarà dei miei sogni infranti, dei miei piani/ Dove sarò domani, tendimi le mani, tendimi le mani (Marracash)
Tra le nuvole e il mare si può andare e andare (Laura Pausini)
sulla scia delle navi di là del temporale (Carmen Consoli)
e qualche volta si vede (Nek)
domani (Antonello Venditti)
una luce di prua (Nek)
e qualcuno grida: Domani (Antonello Venditti)
rap 4 Come l'aquila che vola libera tra il cielo e i sassi, siamo sempre diversi e siamo sempre gli stessi, hai fatto il massimo e il massimo non è bastato e non sapevi piangere e adesso che hai imparato non bastano le lacrime ad impastare il calcestruzzo, eccoci qua cittadini d'Abruzzo, e aumentano d'intensità le lampadine una frazione di secondo prima della fine, la tua mamma, la tua patria da ricostruire, comu le scole, le case e specialmente lu core e puru nu postu cu

facimu l'amore (Jovanotti, J Ax, Fabri Fibra e in chiusura Sud Sound System)

   non siamo così soli (Giuliano Sangiorgi)

   a fare castelli in aria (J Ax e Fabri Fibra)

   non siamo così soli (Giuliano Sangiorgi)

   sulla stessa barca (J Ax , Fabri Fibra)

   non siamo così soli (Giorgia)

   a fare castelli in aria (J Ax e Fabri Fibra)

   non siamo così soli (Giorgia)

   a stare bene in Italia (J Ax e Fabri Fibra)

   sulla stessa barca (J Ax)

   a immaginare un nuovo giorno in Italia (Giorgia, Giusy Ferreri, Dolcenera, Mario Venuti, Jovanotti, J Ax, Fabri Fibra)

   Tra le nuvole e il mare si può andare, andare. Sulla scia delle navi di là dal temporale (Piero Pelù)

   Qualche volta si vede una luce di prua e qualcuno grida, domani (Morgan)

   Non siamo così soli (Giorgia, Mario Venuti, Giusy Ferreri, Dolcenera, Giuliano Sangiorgi)

   (tromba solo di Roy Paci)

   Domani è già qui Domani è già qui (Jovanotti, Marracash, FabriFibra, J Ax)

   (Assolo violino Mauro Pagani)

   Ma domani domani, domani lo so, lo so, che si passa il confine (Gianna Nannini)

   E di nuovo la vita sembra fatta per te e comincia (Elisa) domani (Sud Sound System)

   Tra le nuvole e il mare, si può fare e rifare. Con un pò di fortuna si può dimenticare (Manuel Agnelli Afterhours)

   E di nuovo la vita, sembra fatta per te (Mango)

   E comincia (Niccolò Fabi)

   (coro finale)

   Domani E domani domani, domani lo so, Lo so che si passa il confine. E di nuovo la vita sembra fatta per te. E comincia domani (Manuel Agnelli, Dolcenera, Zucchero, Niccolò Fabi, Pacifico, Giusy Ferreri, Alioscia, Pacifico,

Max Pezzali, Caparezza, Niccolò Agliardi, Luca Carboni, Roy Paci, Tricarico, Ron, Giuliano Sangiorgi, negramaro, Negrita, Giorgia, Francesco Renga, Malika Ayane, Laura Pausini, Morgan, Jovanotti, Massimo Ranieri, Nek, Enrico Ruggeri, Piero Pelù, Antonello Venditti, Roberto Vecchioni, Carmen Consoli, Mango, Cesare Cremonini, Saturnino)
 Domani è già qui, domani è già qui (Jovanotti).

Il Talento e la generosità di migliaia di persone aiutarono l'Abruzzo a risollevarsi. Momenti come quello ci rendono consapevoli di ciò che può fare l'Uomo: esprimere solidarietà, capire che non tutto ciò che si fa, dev'essere in vendita, pur avendo un valore, percepire che il tempo dedicato alle cause comuni, dà grandi frutti e fa star bene, realizzare che l'egoismo, infondo, non gratifica proprio nessuno.

La consapevolezza di ciò che siamo e di ciò che possiamo realizzare fa incontrare alcuni amici artisti sapendo che ciò che produrranno, sarà apprezzato, tanto da poter raccogliere denaro sufficiente da destinare alla realizzazione di grandi opere, al servizio di tutti.

La consapevolezza ci rende forti; la distrazione o l'omertà nei propri confronti, ci rende illusi, quindi fragili, oltre che patetici.

Ci fu un precedente illustrissimo. Anche se ciò che realmente rende illustri, è la condivisione dei propri Talenti. In generale, a prescindere di quanto si è bravi o famosi o ricchi.

Era il 1985. In occidente c'era aria di positività. Il benessere materiale era ai massimi storici. Io avevo dieci anni e la canzone la ricordo bene. Soprattutto ricordo che in quegli anni si stava bene, almeno qui in occidente. Il terzo mondo, come lo chiamavamo allora, era lontano. Le problematiche della fame, venivano ridotte alle immagini dei bimbi africani, col pancino gonfio di nulla. Al massimo, la mamma ti diceva di finire ciò che ti aveva messo nel piatto, quando si facevano i capricci: *non sai la fortuna che hai; ci sono bambini che muoiono di fame.* E la cosa finiva lì. Noi eravamo ricchi. Noi, la nuova generazione, non sapevamo che il costo di quel benessere materiale eccessivo, inutile e sprecone, lo stavano pagando miliardi di persone, altrove. Noi, ignari, ci godevamo la vita di bambini. Non immaginavamo che prima o poi il conto sarebbe arrivato. Salatissimo! Noi, che a ben vedere, paghiamo un debito che non abbiamo contratto. Probabilmente, saremmo stati altrettanto felici, con molto meno. Ma hai dieci anni e che ci puoi fare? Poi la vita passa ed arrivi a quaranta. I nostri figli non hanno la pancia gonfia e non lottano contro la fame, ma… quanta fatica per arrivare a fine mese…

Qualcuno però ci pensava, troppo pochi, ma qualcuno c'era, che pensava alla disparità delle condizioni sul pianeta. In quell'anno le radio lanciarono il brano *We Are The World*. Un grande successo musicale, ma soprattutto umano. I fondi raccolti dalla vendita andarono alle popolazioni colpite dalla carestia, in Africa. Anche allora, tanti grandissimi artisti. I migliori. Anche allora, grande Talento, grande emozione.

Successivamente a *21 aprile 2009*, ci fu un'altra iniziativa simile. Purtroppo, un altro terremoto. Purtroppo, altre vittime, altre case da ricostruire, altre aziende rase al suolo. Fu il 20 maggio del 2012. La terra trema di nuovo di notte, chissà perché la Natura colpisce quando fa più male. Di nuovo la disperazione, ancora il lutto. Poi, la tarantella delle polemiche, quindi la sfilata dei politici *scaricabarili*. L'edilizia antisismica mai rispettata non è mai colpa di nessuno: ancora *morti* senza *colpevoli*. Però, ancora una volta, la solidarietà insegna che l'Uomo è anche (e soprattutto) altro; non solo arrivismo senza scrupoli.

E ancora la musica ed il Talento, con tanti artisti, con tante emozioni. Il 25 giugno 2012, fortissimamente voluto dallo storico gruppo *I Nomadi*, allo stadio *Dall'Ara* di Bologna, va in scena un grande concerto: le emozioni al servizio della solidarietà.

Ma perché non seguiamo tutti l'esempio? Se sei consapevole di far bene qualcosa, perché non lo metti a disposizione della comunità?

Bisognerebbe quotidianamente uscire dallo schema del *costo ad ogni costo*, ed entrare, ogni giorno, per almeno una cosa che facciamo, nell'abbraccio del *gratuito*. Perché aspettare che capiti una catastrofe? Perché non dimostriamo a noi stessi quanto valiamo? Che possiamo fare *grandi cose*, sempre?

In questo modo potremmo scoprire quanto è bello, ogni giorno, che:

Non siamo così soli...

Ne guadagnerebbero la nostra autostima, il nostro livello di felicità, la nostra economia e le nostre routine un po' noiose! E finalmente potremmo affermare con gioia e coraggio i nostri Talenti...

23 *PORTE OUVERTE.*
PARIGI, 13 NOVEMBRE 2015.

La vita è fatta di casualità, di intrecci fortunosi o nefasti. Lo sanno bene quei parigini che venerdì 13 novembre 2015 erano indecisi su cosa fare durante la serata. Alcuni avranno deciso all'ultimo di non uscire, cambiando piani per coincidenze non previste. Oppure ci sarà stato qualcuno che durante il pomeriggio si era pianto addosso, perché non aveva nessuno con cui uscire, quella sera. Poi all'ultimo, una telefonata, un invito a vedere un concerto, magari. A volte si vive o si muore, solo per una coincidenza.

Le coincidenze sono quelle circostanze, tutt'attorno a noi, che incidono fortemente sui fatti della nostra vita. Come al solito, ciò che rimane più impresso, sono i casi limite. Una vittoria alla lotteria. Morire per caso, ad un concerto. Ma le coincidenze, capitano in ogni istante. Ogni cosa che ci capita, quando interagiamo col mondo, con la vita, è una coincidenza, anche se ci piace pensare di avere il controllo delle nostre esistenze. Attenzione: non credo affatto che la vita dell'Uomo sia un susseguirsi, disordinato e senza senso, di casualità, sulle quali non abbiamo nessun potere. Ho sempre trovato piuttosto ridicola la teoria che ci vede come il frutto casuale di una manciata di aminoacidi che si sono evoluti per ragioni del tutto aleatorie.

Però le circostanze influenzano enormemente le nostre vite, questo è un fatto.

L'ho scritto, per altri motivi, anche ne *La Gallina Di Pericle.*

Ad esempio, prendiamo questo capitolo: quando nel maggio del 2015 papa Francesco ha pubblicato l'enciclica *Laudato Si*, ho capito che era arrivato il momento di scrivere un libro. Non sapevo che in realtà avrei dato inizio ad una collana intitolata *Spaziotempo*. Durante i mesi estivi del 2015, mentre scrivevo *La Gallina Di Pericle*, mi venne gradualmente in mente il progetto di *questo libro*: sebbene gli argomenti ed il loro ordine, fossero *fissati*, inizialmente, su foglietti riciclati, l'idea generale era, ed è, piuttosto chiara in mente. Più tardi, prima di iniziare a scrivere questo secondo libro, definii anche uno ad uno gli argomenti dei diversi capitoli.

Non era affatto previsto il capitolo che state leggendo in questo momento. Per 2 semplici ragioni: non si affrontano, in questo libro, analisi sociali di fenomeni come il terrorismo né tanto meno l'Islam o ISIS. Insomma, il Medioriente, con i suoi secolari problemi, non intendevo prenderlo in considerazione.

Fin dalle prime righe di questo scritto, ho raccontato di come la condivisione e la solidarietà consentano all'Uomo di esprimere il meglio di sé. In particolare, stavo raccontando di quando l'Uomo si associa in fratellanza per far fronte ad eventi straordinari. Venerdì 13 novembre, durante la mattina, casualmente, ho terminato il capitolo precedente.

Una coincidenza.

Durante la notte, Parigi è stata vittima di alcuni attentati. Quanti morti… che orrore.

Durante il fine settimana, tristemente trascorso commentando i fatti con gli amici più cari, ho riflettuto molto se inserire, non previsto, un capitolo su questa dolorosa vicenda. Come potete vedere, alla fine ho deciso che fosse importante per la riuscita del libro, prendere in considerazione gli attentati francesi.

Ho deciso di farlo, perché mi ha colpito molto, tra le varie cose tristi, la coincidenza tra ciò che stavo scrivendo proprio quel giorno e l'aspetto positivo di quella vicenda cruenta. Era ancora notte, a Parigi, che già le persone, attraverso i social network, promuovevano un'iniziativa lodevole, meravigliosa. In risposta all'inutilità della violenza, l'Uomo proponeva immediatamente il progetto *Porte Ouverte*. In francese significa "porte aperte". Ciascun parigino, aderente all'iniziativa, si è reso prontamente disponibile ad ospitare chiunque, in difficoltà per la notte di guerriglia urbana, non riuscisse a tornare a casa propria. Ciascuno offriva una sistemazione, oltre all'accoglienza ed al conforto.

Che coincidenza. Io, durante la mattinata, scrivevo di quanto è bello quando l'Uomo mette in condivisione i propri Talenti, al servizio degli altri, gratuitamente; però invitavo chiunque a farsi protagonista di iniziative simili in ogni giorno dell'anno, senza aspettare le disgrazie. Comunque, lodavo questo meraviglioso Talento che Dio ci ha donato: la solidarietà ed i gesti gratuiti.

Ed ecco che durante la notte, a fronte di eventi sanguinosi, gli Uomini di buona volontà non rispondono nuovamente con odio e violenza, prolungando la catena di morte. Bensì, tirano fuori il meglio e danno il via ad un tam tam, attraverso internet, per offrire asilo a chiunque ne avesse bisogno.

Come dicevo, non avevo nessuna intenzione di occuparmi del terrorismo e delle sue cause socio-economiche. Tuttavia, ho ritenuto dare rilievo all'iniziativa *Porte Ouverte*, sia perché l'Uomo non venga visto solo come un assassino, ma anche per gli altri Talenti che possiede, e poi perché, per coincidenza, stavo proprio parlando di solidarietà.

Dal momento che oramai sto scrivendo di questi fatti, mi riservo qualche riga, ancora, sull'argomento.

Mi perdoneranno gli storici, esperti di Medioriente ed Islam, se sarò eccessivamente riepilogativo, ma *Il Tallone di Jury* non aveva in programma questi argomenti, e non farò eccessive né ulteriori deroghe.

Ne *La Gallina Di Pericle* vi invitavo a riflettere su quanto fosse importante *l'autodeterminazione dei popoli*. Il concetto fu sancito dall'assemblea delle Nazioni Unite, quando, a New York, promulgò la

Dichiarazione Universale dei Diritti Umani. In quel libro, facevo riferimento all'*autodeterminazione* in relazione al fatto che gli stessi Paesi che promuovono questo principio, negano la Sovranità Monetaria di molte genti, che poi è un cardine importante del poter decidere per sé. In questo libro ed in questo capitolo, torno nuovamente a farvi riflettere sul ruolo fondamentale che l'autodeterminazione ricopre, in merito ai diritti umani. Questa volta, però non c'entra la finanza né le politiche monetarie. Però è sempre la stessa storia. Gli stessi paesi sovrani, che promuovono e sottoscrivono principi sacrosanti, predicano bene e razzolano malissimo. Da oltre un secolo, in Medioriente, i principali paesi europei e nordamericani, fanno e disfano stati e staterelli, senza tener conto di culture, religioni e sensibilità locali, al solo scopo di garantirsi l'accesso al Mediterraneo, ma soprattutto al petrolio, di cui il sottosuolo di tutta quell'area, abbonda, per chissà quale vezzo geologico di Madre Natura. La ricerca di Indipendenza Energetica da parte di tutti gli stati, non solo consentirebbe un graduale abbandono dell'utilizzo intensivo di fonti energetiche fossili, con relativi miglioramenti della nostra salute, del nostro ambiente e del nostro portafoglio, ma toglierebbe un motivo a tutti quei paesi che per garantirsi l'accesso e, magari, il controllo dei pozzi di petrolio, fanno ricorso indiscriminato all'uso della forza. In questo modo, si impedisce l'autodeterminazione dei popoli.

Se mi impedisci di essere ciò che sono e di fare ciò che desidero, prima o poi mi incazzo!

Non commettete l'errore di mettermi in bocca parole che non ho mai detto né mai pensato: condanno vivamente l'uso della violenza e ogni gruppo che adotta strategie terroristiche!

Però è giusto dire le cose per come stanno, soprattutto quando sei un sociologo. Abbiamo, per cent'anni, sottomesso, stravolto, ingabbiato e sfruttato le popolazioni del Medioriente, giustificando tutto ciò col fatto che noi, l'Occidente, il Grande Occidente, ha il diritto di controllare le fonti energetiche per approvvigionarsene come e quanto vuole. Sempre noi, il meraviglioso e civilissimo Occidente, patria di libertà e innovazioni, produce e vende armi a tutte quelle popolazioni che, sempre in Medioriente, desiderano farne uso.

Indovinate un po' contro chi le usano? Tra loro, perché li abbiamo costretti a convivenze innaturali, tra culture. E poi contro di noi, che continuiamo a non consentire la loro autodeterminazione, perché senza petrolio, la nostra civiltà non esisterebbe. Peggio per noi! Che non siamo in grado di pensare ad altri modi di produrre energia...

Soffro da morire guardando le immagini in TV del sangue, per le strade di Parigi. Perché penso che potrebbe capitare a mia moglie o mia figlia o un caro amico, domani.

Ma non voglio che l'Uomo degradi se stesso, dichiarando che la colpa è dell'Islam, e che i suoi appartenenti sono incivili e sanguinari. Che idiozia...

La colpa è dell'Uomo, in generale. Della sua tendenza a sottomettere i suoi simili. Caino uccise Abele, suo fratello. È colpa dell'incapacità dell'Uomo di creare sistemi socio-economici equi, che garantiscano a chiunque di esistere con dignità. Se la perdita di Sovranità Monetaria non avesse determinato l'attuale grave crisi economica che affligge l'Unione Europea, non ci sarebbero state larghe porzioni di popolazione, in Francia più che altrove, impossibilitate ad integrarsi e ad affermarsi. Non ci sarebbero stati centinaia di migliaia di giovani frustrati e arrabbiati che non possono diventare adulti, trovando il loro spazio e la relativa dignità. Non ci sarebbero stati tanti ragazzi, incazzati da morire, alla ricerca di qualcuno cui dare la colpa di tutto ciò.

Alcuni uomini scelgono di essere cattivi e sobillano i giovani, vittime della disoccupazione, dell'ignoranza e del sottosviluppo. Fanno credere loro che uccidere renderà migliore la vita. Così, in un disegno perverso di vendetta, si consumano gli attentati.

Guardate bene ai fatti: noi non rispettiamo l'autodeterminazione dei popoli, noi creiamo le condizioni socioeconomiche affinché la vendetta cruenta possa essere ritenuta una soluzione.

C'è ancora qualcuno che non intende perseguire, con determinazione assoluta, l'Indipendenza Energetica? Per colpa dell'inquinamento, il 2015 è stato un anno torrido e pure durante questo novembre, fa caldo come a maggio. Per avere il petrolio, che ci sta uccidendo, sottomettiamo i popoli che vivono in posti il cui sottosuolo ne è ricco. C'è ancora qualcuno che non ha capito quali gravissime conseguenze comporta l'abbandono della Sovranità Monetaria? Perdendola, chiunque viene minato nella sua capacità di esistere. Qualcuno, con circostanze più svantaggiose e sfortunate di altri, finisce nelle spire mortali di organizzazioni come Mafia, Camorra, ISIS, ecc...

Come batteri e malattie prolificano nell'acqua sporca, così da ignoranza, degrado umano e arretratezza economica discendono i crimini più atroci.

Le fonti energetiche fossili che degradano l'ambiente e impediscono l'autodeterminazione dei popoli, producono le condizioni che generano frustrazione e mancanza di sviluppo.

Per la maggior parte delle volte, da questo non discende altro che sofferenza. Però, alcune volte, qualcuno che è più debole, vulnerabile e influenzabile, si lascia convincere all'uso della violenza, come soluzione ai suoi problemi.

Ovviamente, perseguire l'abbandono dell'uso di fonti energetiche fossili e restituire alle persone la Sovranità Monetaria, contribuirebbe al miglioramento sostanziale delle condizioni ambientali e dell'economia, tuttavia non ho l'illusione di pensare che eliminerebbe il male. La tendenza ad erigere se stessi ad icone, sostituendosi a Dio, porta gli uomini a cercare di sottomettere altri uomini, col fine di dominare il Creato. Economia, politiche monetarie, politiche energetiche, sono solo alcune delle vie che la parte malvagia dell'Uomo sfrutta e percorre; le conseguenze del peccato, spesso, sono peggio del peccato stesso. Infatti i morti per le strade di Parigi, sono una cosa terribile, come ogni morto ammazzato.

Ci sarà sempre qualcuno disposto a *sottomettere* per assomigliare ad un dio, e qualcun altro, esasperato dalla sottomissione, disposto ad uccidere per vendetta.

Però, evitare di fornire ai lati negativi dell'Uomo un assist così succulento, ritengo, sarebbe saggio, oltre che costruttivo.

Solo il Talento condiviso, solo esercitando ciò per cui Dio ci ha creati, possiamo superare buona parte di queste nefandezze dolorose.

Solo lasciando le *Porte Aperte*!

24 TROPPI GALLI A CANTARE, NON SI FA MAI GIORNO. MONTAIN VIEW, CA-USA, 31 MAGGIO 1985.

Steven Paul Jobs fu un uomo molto creativo. Dio gli ha dato tanto Talento ma anche molte prove da superare. Ebbe sempre delle difficoltà nei rapporti umani, per via, forse, del fatto che non riuscì mai a farsi del tutto una ragione della sua adozione: appena nato i suoi genitori lo diedero da crescere ad un'altra coppia, da cui fu allevato e da cui prese il cognome. Però, nell'informatica e negli affari ci sapeva fare.

Si è fatta menzione del potere delle coincidenze, delle circostanze e quindi non si può, anche nel caso di Jobs, come di tutti, sottolineare che il suo Talento naturale ebbe davvero buon gioco. Se hai il pallino dell'informatica e cresci negli anni '70 nella *Silicon Valley*, sei l'uomo giusto nel posto giusto, nel momento giusto. Senza ridurre neanche di un grammo i suoi meriti, le coincidenze l'aiutarono molto.

Al suo genio dobbiamo una serie di innovazioni con cui praticamente tutti abbiamo avuto a che fare nella vita: l'interfaccia ad icone dei pc, il concetto di "finestre" e di "menu a tendina", il mouse, l'*iPhone*, l'*iPod*, l'*iPad*.

Fondò la Apple nel 1976 e, producendo computer innovativi di straordinaria qualità, alla fine del 1980 la società venne quotata in Borsa per un valore di 1,79 miliardi di dollari.

La sua vita professionale non fu sempre in discesa e ricca di trionfi. Dopo qualche anno dalla quotazione in Borsa, lo stesso Steve decise di chiamare un certo John Sculley a guidare l'azienda, come amministratore delegato. John era un uomo carismatico, un venditore eccezionale. Non era un tecnico. Forse per questo motivo non seppe interpretare i prodotti ideati da Steve e, non capendoli, non riusciva a venderli. L'anno successivo al suo arrivo, le vendite erano talmente basse da arrivare a mala pena al 10% delle previsioni. Nell'aprile del 1985, Sculley e Jobs erano in aperto conflitto, ma Sculley, che forse amava troppo i western, minacciò il consiglio di amministrazione con la formula hollywoodiana *"questa azienda è troppo piccola per tutti e due!!!"*. La strategia alla Lee Van Cleef ottenne buoni risultati ed in breve tempo John riuscì a relegare Steve in un angoletto dell'azienda.

Il 31 maggio 1985 il consiglio d'amministrazione della Apple ridimensionò terribilmente i poteri di Jobs, padre fondatore ed anima dell'azienda. Pensate che dolore, subire un *mobbing* selvaggio dall'azienda che hai creato a colpi di intuizioni geniali.

Ma soldi e potere attirano talmente tanto, da non voler essere condivisi. Così i due leader non riuscirono a dirigere insieme il colosso. D'altro canto, si sa: *troppi galli a cantare, non si fa mai giorno*.

E lo sapeva bene pure Steve: il suo attaccamento alla Apple durò il tempo della stagione estiva, poi, la consapevolezza prese il sopravvento. In settembre abbandonò l'azienda, tanto era stato escluso da ogni attività e decisione.

Steven Jobs non era solo consapevole di essere stato vittima di un *colpo di stato*, soprattutto era consapevole del Talento che Dio gli aveva dato.

Aveva trent'anni e non stette a piangersi addosso più di tanto: col Talento che aveva, avrebbe ricominciato da capo, raggiungendo gli stessi traguardi. Questo suo atteggiamento non va scambiato per arroganza. Steve era un uomo intelligente e quegli anni gli permisero di mettere a fuoco perfettamente tre cose: di tutto il pianeta, quell'area della California era il posto più adatto per mettere a frutto il suo Talento nell'informatica; viaggiò in Europa e comprese che le persone, le aziende e le istituzioni di tutto il mondo erano affamate di *byte* e, presto, ne sarebbero diventate dipendenti; Dio aveva deciso di dargli un Talento cristallino nell'immaginare soluzioni informatiche e nell'organizzare il lavoro per realizzarle.

Partendo dalla consapevolezza di queste 3 cose, decise di ricostruire tutto da zero. La consapevolezza è uno strumento potentissimo. Steven fondò la *NeXT Computer*. *Apple*, tuttavia, gli mise i bastoni tra le ruote, minacciando di portare Jobs in tribunale, se avesse adottato anche solo una delle soluzioni tecnologiche della *Apple*. Dovettero, saggiamente, concludere un accordo stragiudiziale. Se Sculley avesse avuto un pizzico di consapevolezza di quanto lui era inadatto al compito, senza il genio di Jobs, e avesse messo da parte la sua smania di fabbricare un'icona personale, come lasciapassare per l'Olimpo del Management, probabilmente avrebbe guidato, di lì a qualche anno, uno tra i marchi con maggiore penetrazione, a livello di mercato, di tutto il pianeta. Ma lui era innamorato della sua icona e comunque non era affatto consapevole dei suoi limiti, né, tanto meno, dei Talenti altrui.

I dieci anni che seguirono videro, per questi motivi, un lento ma inesorabile declino della *Apple* e nuovi successi imprenditoriali per Jobs. Rilevò la *Pixar* e le fece seguire la rotta dei lungometraggi realizzati al computer: *Toys Story*, il film di animazione che ha riscosso un grande successo, fu, ad esempio, realizzato dalla *Pixar* di Jobs.

Nel 1997 la *Apple*, oramai in crisi conclamata, offrì a Jobs il suo vecchio posto e lui accettò, dettando alcune condizioni. Accettò l'incarico pur senza stipendio; Sculley, probabilmente, non l'avrebbe fatto. Ma Jobs sapeva che i risultati sarebbero arrivati presto, perché tra i vari Talenti, Dio gli ha concesso la consapevolezza.

La consapevolezza ti rende umile, la consapevolezza ti fa essere realista. Essere consapevoli ti permette di sognare e di realizzare i tuoi sogni. Non avere consapevolezza rende i tuoi sogni dei *miti*, inarrivabili, insoddisfacenti o comunque tali che per essere raggiunti, vanno commessi crimini e sottomesse persone.

Durante il primo anno, Jobs riuscì a passare da una perdita di quasi 2 miliardi di dollari, ad un guadagno di oltre 300 milioni. Quindi cominciò a macinare successi, come solo lui sapeva fare.

Uscì l'*iMac*, il primo computer tutto in uno, dal design unico ed accattivante. Diede il via all'apertura degli *Apple Store*. Dopo quindici anni se ne contano oltre 450, in ogni paese del mondo. Poi fu la volta del lettore multimediale che rivoluzionò il mondo della musica: l'*iPod*. Dopo una decina di anni, nel 2011, 8 lettori multimediali su 10, nel mondo, erano della *Apple*. Steve ideò e lanciò *iTunes*, il negozio virtuale di contenuti musicali che oramai vanta 10 miliardi di canzoni vendute. Nel 2007, dopo un'attesa febbrile, finalmente fu la volta dell'*iPhone*, il telefono *smart* che ha rivoluzionato completamente il modo di intendere ed utilizzare la telefonia mobile. Fu quindi la volta dell'*iPad*, un computer piatto che venne proposto principalmente come visualizzatore di libri e contenuti cartacei.

Il re del pollaio è il gallo dominante. Spetta a lui, al sorgere del Sole, annunciare alla fattoria che è ora di alzarsi. Il gallo non delegherebbe per nessuna ragione al mondo questo suo incarico. Per via di questo incarico, lui può far conoscere a tutti la sua posizione di dominanza. Questa dinamica non è da considerarsi narcisismo. È necessario che i ruoli siano chiari a tutti, affinché le cose funzionino. Ed i ruoli vengono stabiliti in base a ciò che ciascuno sa fare meglio.

Tutto ciò non è cosa di poco conto ed infatti la saggezza popolare tramanda da secoli il detto: troppi galli a cantare non si fa mai giorno. Il detto vuole sottolineare il fatto che se le persone perdono tempo ad inseguire i propri personali sogni narcisistici di gloria, impersonando le icone di se stessi, non si dà seguito alle cose davvero importanti. Di galli dominanti, ce n'è solo uno ed a lui spetta il compito di annunciare il sole che sorge. Se qualche altro gallo, invaghito del ruolo di comando, vuole sostituirsi al gallo dominante, il loro scontro consumerà, inutilmente, preziose energie, e nessuno si occuperà di *fare giorno*.

Sculley e Jobs dimostrarono che essere o no consapevoli di sé e del proprio Talento, fa tutta la differenza del mondo.

25 LE STRADE PREFERITE.
ROMA, OGGI.

Come si diviene consapevoli del proprio Talento?

Ricordate come funziona la PET? O meglio, cosa mette in evidenza? La Tomografia ad Emissioni di Positroni mette in luce i campi magnetici che i circuiti elettrici delle reti neuronali producono. Avevamo affermato che, grazie all'utilizzo della PET, è quindi possibile *visualizzare* l'apprendimento. Tuttavia esistono delle reti neuronali che non hai bisogno di fare la fatica di creare. Ci sono dei neuroni, che in maniera spontanea, innata, scambiano facilmente informazioni, tra loro. Pare che Mozart a 3 anni già fosse un fenomeno col pianoforte. Questo è uno dei tanti esempi di capacità naturale: ci si nasce, non c'è merito.

Ricordate la storiella delle macchinine a Pescara? Allora ricorderete anche come e perché, creare nuove strade da percorrere per le macchinine, risulti così faticoso, seppure possibile, per il cervello umano.

Quando invece le piccole auto viaggiano sulle strade che sono già pronte, fin dalla nascita, trasportare informazioni da una casetta all'altra è facilissimo e risulta addirittura piacevole.

Le auto dovrebbero sempre percorre le loro strade preferite. In questo modo ci si accorge che quello è Talento. Quando permetti al tuo cervello di utilizzare reti neuronali spontanee, stai usando il tuo Talento. Ti accorgi che è un Talento che ti ha dato Dio, quando fare qualcosa ti viene spontaneo, non fai fatica e ottieni fin da subito discreti risultati. Poi, nel tempo, con l'apprendimento, la ripetizione e l'esperienza, si diventa ancora più bravi, rinforzando ed ampliando le reti neuronali che vengono impiegate. Ma alla base ci sono quelle con le quali siamo nati; ci sono le nostre strade preferite.

Quindi, innanzitutto, rifletti su cosa ti viene facile, su cosa ti dà piacere fare, sulle tue inclinazioni naturali che hai avuto fin da quando eri piccolo: bene, quello è il tuo modo privilegiato che ha il cervello di fare le cose, cioè il tuo Talento. Il primo passo verso la consapevolezza è questo!

Poi, il Talento, va passato al vaglio delle altre persone. Bisogna cominciare ad utilizzarlo, mettendosi alla prova, ponendosi in discussione, allenandolo e facendolo crescere, nel tempo, con pazienza e determinazione incrollabile. Il Talento vive delle ispirazioni dello Spirito Santo, e, si diceva qualche capitolo fa, lo Spirito Santo parla sottovoce, per non disturbare. Lui è molto discreto. Inoltre le sue ispirazioni hanno bisogno di molto tempo e di molta pazienza per dare frutto. Ma come il granello di senape, che è il più piccolo tra tutti i semi, poi genera una pianta molto grande e forte.

Saranno quindi le altre persone a riconoscerci il merito di fare bene le cose. Nel vangelo di Luca 6, 39-45, Gesù afferma, tramite il racconto di una parabola, che l'albero si giudica dai frutti e non dalle radici.

Le chiacchiere non servono a molto, mentre le azioni sono i frutti dell'albero del Talento. Gli effetti delle nostre azioni saranno notati e sottolineati da chi ci sta attorno. Avremo gratitudine e rispetto, se avremo agito bene, secondo Talento; le nostre azioni saranno richieste da molti. Tuttavia, se ciò che facciamo è guidato dal Talento, saremo anche oggetto di invidia e di azioni malevole, da parte di chi vuole offuscare la luce dei Talenti che Dio fa operare attraverso di noi, per far sorgere l'astro delle proprie icone.

Anche questi sono i segnali che ci consentono di essere consapevoli del nostro Talento.

Riepilogando, seguite le vostre strade preferite e controllate di non perdere la direzione giusta, attraverso il rapporto con gli altri: quanto giovano agli altri, le vostre azioni? Non dimenticate, poi, di proteggervi da chi vuole impedire ai vostri Talenti di essere utilizzati. La paura, la prima tra tutti gli invidiosi del vostro Talento. La paura che spinge a sotterrare il Talento, e a non utilizzarlo. La paura che spesso prende la forma del giudizio altrui. Quante volte siamo paralizzati da ciò che riteniamo possa essere il giudizio altrui? La paura di sbagliare, a volte, non è altro che proiettare sugli altri i severi e stringenti dettami che ci pone il nostro giudice interno. Freud chiamava questo giudice Super-io. Si tratta della personale rielaborazione che ciascuno compie circa la cultura e l'educazione di cui siamo imbevuti. Che poi, per certi versi, si traduce anche nel *kleos* di Pericle, ricordate? Insomma, il senso civico. Quando però l'idea che abbiamo circa il giudizio che la comunità in cui siamo inseriti, ci costringe a censurare determinate nostre azioni, per paura di essere sanzionati ed infine esclusi, questa è solo paura! È solo quel terribile tiranno che è il nostro giudice interno, il Super-io, che ci spinge, nelle sue manifestazioni più distorte, a creare un'icona di noi stessi, per *piacere*, agli altri, come riteniamo di dover fare; in definitiva, per piacere a noi stessi, per soddisfare il nostro narcisismo, il nostro ego.

Questa strada porta al baratro, alla distruzione di noi stessi e degli altri che ci sono intorno, dal momento che sospendere l'utilizzo dei nostri Talenti, comporta una grave perdita per tutti.

Provate invece a confrontarvi con il prossimo senza aspettative di sorta, né positive né negative: l'interazione con le persone vi dirà, con precisione, se state agendo secondo Talento, oppure se inseguite falsi miti o pericolose icone; se state costruendo improbabili sentieri, oppure se percorrete le vostre strade preferite.

26 IL NEMICO ALLO SPECCHIO.
MARBURGO (DE), 1812.

Jacob e Wilhelm studiavano legge presso l'università di Marburgo, cittadina a metà strada tra Dortmund e Francoforte, nel centro della Germania. I due fratelli erano nati a poco più di un anno di distanza, l'uno dall'altro. Dopo che la madre partorì il più piccolo, Wilhelm, i due furono sempre inseparabili. Divennero intellettuali riconosciuti e apprezzati e presero parte a molteplici iniziative socio-politiche del tempo. Per l'esattezza i due fratelli furono linguisti e filologi. Nella loro attività, andarono a ricercare una gran quantità di testi e storie tramandate nei secoli. Questo permise loro di venire a conoscenza di favole tramandate di madre in figlio, oralmente. Senza la loro opera, probabilmente, molta parte di questa cultura, sarebbe andata persa. In questo momento, non vorrei steste pensando che, seppure Jacob e Wilhelm avessero trascorso le giornate ad ubriacarsi, invece di fare quello che hanno fatto, infondo non sarebbe cambiato niente. Infatti, i due fratelli li conosciamo meglio come Jacob Ludwig Karl Grimm e Wilhelm Karl Grimm, famosi come "i fratelli Grimm". In effetti, a parte in Germania, il resto del mondo non conosce molto i loro lavori come germanisti. Noi, però, li abbiamo in gloria perché, tutte le sere, quando i nostri figli ci chiedono di raccontare loro una storia, li ringraziamo. I fratelli Grimm, dando ordine e mettendo nero su bianco la tradizione orale delle favole germaniche, hanno dato vita ad intramontabili classici, come: *Hansel e Gretel, Cenerentola, Il principe ranocchio, Cappuccetto Rosso* e *Biancaneve*.

La mia preferita, *Biancaneve*, Jacob e Wilhelm l'hanno scritta adattando un racconto antico, la prima volta nel 1812. Seguirono molte altre edizioni nei decenni a seguire: ogni volta, i due fratelli, compivano aggiustamenti epurando tematiche come *infanticidio* e *necrofilia* che facevano parte del racconto antico ed originale, ma che era meglio non ricordare.

La stessa *Disney*, nel 1937, ne consegnò alla storia una sua versione. Sono due gli elementi che caratterizzano la versione del colosso americano: i disegni meravigliosi dell'animazione, fondamento dell'immaginazione di generazioni di bambini, e l'aver connotato i nani, battezzandoli ciascuno con nomignoli divertenti.

Nonostante i secoli e i mille rimaneggiamenti, lo *specchio magico* è sempre comparso, con il suo ruolo determinante. Lo specchio ha mille simbologie. Ogni posto che visiti, ha le sue tradizioni e superstizioni sugli specchi. Devo confessarvi che nessuna di queste mi affascina in nessun modo. Sono tuttavia sempre stato rapito dallo specchio magico della perfida ma bellissima Regina, matrigna di Biancaneve. Durante l'infanzia, credo, per via del mistero magico che ne connota l'esistenza. Poi, da grande, per via del fatto che è uno strumento straordinario. Il suo utilizzo migliore non è tanto quello che se ne fa in bagno o vestendosi, davanti all'armadio. E neanche quello nell'industria, come pezzo di marchingegni complicati ed utilissimi. E neppure quando si convoglia la luce del sole sui pannelli fotovoltaici, per aumentarne la resa.

Tutti impieghi talmente importanti che, seppure a volte lo si dia per scontato, lo specchio è tra i principali strumenti utilizzati dall'uomo.

Eppure quello che preferisco è quello metaforico. Potersi mettere davanti allo specchio, in senso metaforico, significa avere l'opportunità di conoscersi, di guardarsi dal di fuori, di vedere i difetti correggibili e quelli ineliminabili. Bisogna tuttavia stabilire una cosa, una volta per tutte: lo specchio restituisce l'immagine che sei, nuda e cruda. Poi, gli occhi vedono ciò che vogliono vedere.

Ecco perché credo che lo specchio magico di Biancaneve sia una pennellata geniale all'interno della cornice didattica delle fiabe. La matrigna si specchia per via della sua vanità. Dallo specchio vuole conferme, vuole lusinghe. Il suo potere si fonda principalmente, ritiene lei, sulla sua capacità estetica di apparire avvenente. Questo la rende superficiale. E lo specchio restituisce esattamente la realtà. L'età lascia segni sul volto di chiunque, pure delle regine. La regina non si rende conto che invece di usare lo specchio, lei viene usata da esso. Diventa schiava dell'immagine di perfezione cui ambisce. Ed è disposta al crimine pur di ottenerla. Bisogna però fare attenzione ad una cosa: lo specchio dice alla regina che lei è molto bella, ma che non è la più bella. Quindi fa il nome di Biancaneve. Lo specchio non suggerisce nessuna azione. Lo specchio riporta la realtà. Se lo sai usare bene, uno specchio ti rende consapevole. Ed è qui il punto. La regina viene resa consapevole dallo specchio, e lei non può illudersi di essere più bella di Biancaneve, né può far nulla per diventarlo. Tranne che eliminare *la prima in classifica* e prenderne, automaticamente, il posto.

La regina ha un grande dono: è bellissima. Tuttavia il confronto con gli altri, invece che riempirla di soddisfazione, la spaventa. Infatti, vive sola nella sua torre d'avorio. Ed è spaventata a morte dal fatto di scoprire che qualcuno possa essere più bello di lei. Anche la Regina, come tanti, soccombe alla paura. Come il servo stolto, sotterra il proprio Talento.

La paura ed il giudizio altrui sono i principali nemici del Talento.

Ne *La Gallina di Pericle* vi ho invitato a guardarvi dai pericoli mortali insiti nella perdita di Sovranità Monetaria, unitamente a politiche energetiche centralizzate e antiche di concezione. Più indietro, in questo libro, ho scritto che *i potenti* usano questi mezzi per impedire, o quanto meno ostacolarne, l'affermazione del Talento, soffocando il lavoro, l'economia e la società.

Confermo tutto! Però bisogna essere onesti, anzi consapevoli. Non si deve usare questi ostacoli effettivi come scuse, ingrandendo il già ingombrante spazio vitale che sottraggono a tutti. Insomma, non si deve loro permettere di raggiungere l'obiettivo di tarpare le ali al Talento individuale. Inerzia esistenziale, inettitudine, deresponsabilizzazione, mancanza di consapevolezza, mode, *pecoronismo*, e, soprattutto, paura. Ecco cosa veramente blocca l'Uomo ed il suo Talento. Siamo i peggiori nemici di noi stessi. Siamo noi che permettiamo alla paura di sottometterci. Siamo noi che stiamo sempre a sotterrare qualcosa, per paura di utilizzarlo. Come mia nonna, che è morta a 94 anni e non credo abbia mai usato un fantastico servizio da tè, in porcellana decorata a mano. Non lo usava perché aveva paura di rovinarlo, però così è passato quasi un secolo e il prezioso servizio è servito solo ad ingombrare il ripiano di un mobile.

È come non essere capaci a riconoscere i volti, quindi neanche il proprio. Si chiama *prosopagnosia* ed è una menomazione del sistema nervoso che impedisce, a chi ne è affetto, di riconoscere i volti.

La prosopagnosia è una deformazione con la quale si può nascere, oppure, te la procuri con un brutto trauma. Sta di fatto che se ce l'hai, te la tieni.

Quella di cui parlo io, invece, è una *prosopagnosia autoindotta*, dalla quale è possibile guarire. Il risultato della paura che si ha a guardare lo specchio, e la realtà che rimanda, è che non ci riconosciamo, anzi: vediamo il nemico allo specchio. E quindi *sotterriamo* chi siamo, oppure cerchiamo di eliminare o sottomettere chi ce lo ricorda, suo malgrado.

Un'altra causa della *prosopagnosia autoindotta* è innamorarsi della propria immagine artefatta. In questo modo si prendere in giro lo specchio (in realtà è noi stessi che prendiamo in giro), al fine di fargli riflettere un'immagine il più possibile uguale all'icona che abbiamo creato con la nostra fantasia.

Tutta questa paura dà luogo ad un enorme spreco di Talento.

Il nostro unico vero nemico, siamo noi stessi e se vogliamo percorrere la via della consapevolezza, mettiamoci davanti allo specchio per scoprire ed accettare chi siamo. Dapprima, allo specchio, vedremo un nemico. Vedremo quanti difetti abbiamo e questi ci immobilizzeranno. L'immagine reale di noi stessi ci farà tremare le gambe dalla paura. Finiremo con l'odiare lo specchio come nostro peggior nemico, pur essendo noi stessi gli unici nemici: il nemico allo specchio.

Ma bisogna combattere e curare la nostra prosopagnosia; è necessario che sorridiamo all'immagine riflessa e, smettendo di vedere il nemico allo specchio, riconoscerci serenamente in quell'immagine.

Nel capitolo intitolato *Invidia. Roma, oggi* ci siamo chiesti cosa fosse davvero bello per l'Uomo e abbiamo concluso che essere amati per il nostro Talento ci dà una pienezza difficilmente raggiungibile. Proseguendo nel ragionamento, ci siamo tuttavia accorti che l'idea che abbiamo di noi, può rovinare tutto. Se abbiamo un Talento che viene apprezzato da chi ci sta attorno, ma siamo negativi, perché affetti da paura incontrollabile oppure *prosopagnosia autoindotta*, allora si annulla ogni effetto benefico dei riconoscimenti che ci fanno. Non crederemo alle parole sincere di alcuni amici e, piuttosto, cederemo alle interessate lusinghe di qualche arrivista senza scrupoli.

Possiamo allora correggere l'affermazione, in favore di un più realistico e consapevole, *non esiste sensazione più avvolgente che riconoscersi per ciò che si è, amandosi e lasciandosi amare.*

27 MONTECITORIO.
ROMA, 10 MARZO 1975.

A metà del secolo barocco, nel 1600, venne edificato un palazzo, proprio sopra una modestissima altura della città di Roma, chiamato Montecitorio. Nulla a che vedere con le asperità dei sette colli, Montecitorio era una piccola gobba del terreno, nel cuore della città eterna. Ancora oggi, al palazzo che vi sorge sopra, vi si accede solo dopo aver fatto alcuni passi su una salita lieve e rotonda. Non è chiaro se questo nome derivi dal fatto che presso quell'altura, secoli prima, i romani dessero luogo alle elezioni e quindi lo avessero battezzato *mons citatorius*, oppure dalla pratica adottata ai tempi del rifacimento di Campo Marzio, non distante da lì; la gran quantità di calcinacci e terreno smosso venivano, forse, abbandonati appunto in quel luogo, che alla fine è diventato una piccola altura. Allora, in questo caso, l'origine del nome sarebbe *mons acceptorius*.

Una delle due variabili, si è evoluta nel *volgare* e poi, in italiano, in *Montecitorio*.

Presso e proprio sopra questo rilievo, Lorenzo Bernini fu incaricato di costruire un palazzo. Beghe tra i nobili e i prelati dell'epoca ne rallentarono la realizzazione, ma tra alterne vicende e dopo diversi decenni, il palazzo fu eretto: bellissimo.

Oggi, nel 2015, il palazzo è molto importante per l'Italia in quanto è sede della Camera dei Deputati. Quel giorno, il 10 marzo 1975, io ero nella pancia di mamma Enrica, ma il palazzo era già teatro di uno dei tre poteri fondamentali degli Stati Sovrani: potere giuridico, potere esecutivo e potere legislativo. In particolare, il palazzo era ed è teatro del potere legislativo, insieme al Senato, che però ha sede poco distante, presso palazzo Madama.

A partire da quel giorno di marzo, in Italia entrò in vigore il nuovo *diritto di famiglia*, varato attraverso una riforma. Tra le molteplici variazioni che introdusse la riforma, ci fu l'anticipazione dell'acquisizione del riconoscimento della *capacità di agire*. Fino al giorno precedente, ogni cittadino italiano, acquisiva questo diritto al compimento del ventunesimo anno di età, mentre dal 10 marzo 1975, a partire dai 18 anni ed 1 giorno.

Diventare maggiorenni, per il diritto italiano, significa avere diciotto anni ed essere, per questa ragione, idonei a porre in essere, ai sensi di legge, azioni che incidano le situazioni giuridiche di cui si è titolari. Tradotto in linguaggio comprensibile, significa che secondo lo Stato, sei abilitato a fare tutto ciò vuoi, all'interno della legge, a partire dal primo giorno, dopo il compimento del diciottesimo anno di età.

Io, in effetti, non credo che la mattina del diciottesimo compleanno, magicamente, si diventi responsabili. Responsabile significa rispondere delle cose. Essere adulti significa, innanzitutto, la condizione di essere in grado di interagire coll'ambiente che ci circonda in modo consapevole. Essere, cioè, in grado di intendere e di volere. Per ottenere questo risultato, non basta avere diciotto anni. Essere adulti non è un fatto anagrafico.

Ecco, in merito, alcune provocazioni.

Se vuoi fare il medico, in Italia devi prima ottenere i titoli di studio previsti per legge, quindi superare l'esame per accedere all'albo dei medici. Fatte salve le lungaggini burocratiche ed i relativi costi, concordo pienamente sul fatto che una professione tanto importante e delicata, si possa svolgerla solo attraverso un controllo ed una verifica dell'idoneità, da parte della comunità, nelle vesti dello Stato Sovrano. Così, ad esempio, per l'avvocato e l'ingegnere. Giustissimo. Sacrosanto.

Allora, come mai, invece, per cose altrettanto delicate (anzi forse anche di più) come quella di eleggere il Parlamento, oppure l'amministrazione cittadina, non bisogna dimostrare di aver seguito un percorso formativo che renda idonei all'esercizio dei propri diritti civili? Come mai lo stesso Stato Sovrano, considera irrilevante la tua comprensione dei fatti pubblici al fine di influenzarla con il voto? Com'è possibile che lo Stato ritenga ingenuamente che al compimento del diciottesimo anno si divenga automaticamente responsabili delle proprie azioni, pur non avendo dimostrato alla comunità di avere *il diritto a questo diritto?*

Io la risposta non ce l'ho, ma cercarla non compete questo libro, anche se, forse, in merito sarebbe interessante che la comunità si interroghi.

Tuttavia, cosa significa essere responsabili, invece questo è uno dei 4 pilastri che regge l'edificio de *Il Tallone Di Jury.*

Compiere il percorso che porta alla consapevolezza, rende forti, rende abili, rende capaci. Una persona è realmente in grado di intendere e di volere, solo ed unicamente quando è consapevole di sé e del mondo in cui vive. Molte persone che conosco, sono nel pieno esercizio delle loro facoltà mentali, sono maggiorenni, ma sono quanto di più lontano si possa immaginare dalla consapevolezza. Loro non sono, né possono essere, responsabili. Non ne hanno la forza. Non ne hanno gli strumenti.

Essere consapevole del proprio Talento, rende l'Uomo in grado di esprimere il proprio potenziale e di avvertire l'urgenza ed il piacere di condividere i frutti della propria opera con gli altri. La consapevolezza porta l'Uomo, infine, a comprendere come l'agire simultaneo e coordinato di più Talenti, con un unico obiettivo condiviso e solidale, comporta una crescita esponenziale della capacità del Talento di produrre benefici per tutti.

La capacità di rispondere delle proprie azioni, cos'altro è, se non la consapevolezza di quali strumenti si possiedono, sul palcoscenico sociale?

La responsabilità discende dalla forza che la consapevolezza conferisce alle persone; non da Montecitorio.

LA RESPONSABILITÀ DELL'*ARIA*, CUI VIENE AFFIDATO
IL FRUTTO DELL'INGEGNO UMANO E LA
MATURAZIONE DELLA VITA.

28 *SIC ET SIMPLICITER.*
SEPANG (MAL), 23 OTTOBRE 2011.

Si incontra gente di ogni tipo. Ci sono quelli che amano le frasi fatte, magari in latino. Alcuni tra questi, hanno la straordinaria capacità di reinventare, inconsapevolmente, il modo di dire. Trasformandolo, tra le risa altrui, in qualcosa di completamente diverso. Ad esempio, quando qualcuno vuole informarti circa un divieto che non hai rispettato, dice: «per tua norma e regola, non puoi fare questo!». Qualche fantasioso personaggio, invece, ti intima, con la faccia seria: «per tua *enorme* regola, blablabla».

Parlando con le persone, fuori da scuola di mia figlia, al supermercato, a lavoro, se ne sentono a centinaia. Dovrei segnarmele tutte, appena le sento, in modo da non poterle dimenticare… Questa cosa mi diverte e mi affascina, forse, anche perché, in qualche modo, dipende dalla *consapevolezza*.

Quando parliamo, sappiamo cosa stiamo dicendo? Oppure mandiamo parole a caso a fare una passeggiata?

Questo divertente risvolto sociale ha, tuttavia, un lato negativo: quando vorrei usare una di queste frasi, mi sento banale. Certe volte, però, queste frasi hanno un potere espressivo tale da superare qualsiasi altra locuzione o perifrasi. Insomma, sono strumenti utilissimi, se usati a dovere. Del resto come ogni strumento…

La frase in latino *sic et simpliciter* viene utilizzata per indicare, raccontando qualcosa a qualcuno, che non c'è nulla di più di quello che si vede. Niente dietrologia; niente interpretazione; nessuno significato metaforico. Letteralmente, *così e semplicemente*. Raccontando ad un amico la tua esperienza mattutina: «Come ogni venerdì, oggi a Roma i conducenti dei mezzi pubblici hanno incrociato le braccia. Chissà che vogliono stavolta. Pare che quelli romani percepiscano uno stipendio pari a quelli milanesi ma che lavorino un numero di ore decisamente minore. Ma ti pare? E alla gente tocca stare compressa come sardine, quando, miracolosamente, dopo un'ora che aspettavo, ne è passato uno. Dieci persone per metro quadrato e una temperatura di 50°. Ti assicuro, era l'inferno. *Sic et simpliciter!*».

In quel frangente, al tuo amico, vuoi sottolineare che la situazione era letteralmente orrenda, come si suppone sia l'inferno: senza esagerare, senza metafore, senza analogie.

Così e semplicemente.

Alcune persone fanno, assai semplicemente, cose per altri impossibili. Come condurre una motocicletta a 300 chilometri orari, frenare all'ultimo, prima di una curva a gomito e inclinarsi paurosamente di lato, strisciando sull'asfalto il ginocchio. A Marco Simoncelli, ad esempio, veniva naturale. E lo faceva benissimo. Iniziò da piccolino e i primi successi internazionali arrivarono che non aveva ancora la barba sulle guance. Marco Simoncelli era un pilota di moto da corsa e correva nella categoria *MotoGP*. La categoria con le moto più potenti, più veloci.

Quel giorno si correva il gran premio di Sepang, in Malesia. In quel periodo dell'anno, da quelle parti, capita spesso che piova. A differenza della Gran Bretagna, dove piove lieve lieve, quasi nebulizzato, in Malesia si fa sul serio. I monsoni, carichi di umidità, trasportano e rilasciano sulla terra e sulla gente, quantità enormi di acqua. Quel giorno, Marco Simoncelli ed il suo grande amico Valentino Rossi, per colpa della pioggia che limitava terribilmente sia l'aderenza dei pneumatici sia la visibilità, si scontrarono. In realtà Marco aveva perso il controllo del mezzo, che assunse una traiettoria strana, imprevedibile. Valentino, poco dietro a lui, insieme ad un altro pilota, si trovò di fronte, in mezzo ad una nube d'acqua, Marco. L'impatto fu inevitabile, anche se non violentissimo. Nelle competizioni che prevedono la velocità, a volte gli schianti sono pazzeschi. Quel giorno a Sepang, però, se lo schianto fu grande o piccolo non se lo chiese nessuno, perché Marco morì.

Era un ragazzo nato e cresciuto in Romagna, patria di motori, sapori e belle donne. In Romagna, le persone ridono spesso, sono goliardiche ed accoglienti. Non puoi non lasciarti travolgere dalla simpatia dei romagnoli. E Marco non faceva eccezione. E poi aveva una gran massa di capelli ricci, più grande del casco che quel giorno, purtroppo, non servì a nulla. Non ricordo bene se fu Valentino, con cui oltre le origini geografiche ed il modo di guadagnarsi da vivere, condivideva anche tanti momenti di svago, che cominciò a chiamarlo *Sic*. Ma gli amici, si sa, quando ti vogliono bene, quando sei un personaggio insostituibile, ti danno un nomignolo. Gli appassionati di motociclismo ed i giornalisti cominciarono a chiamare Marco Simoncelli *Sic*.

Pare che se non rompi qualche uovo, non si riesca a fare la frittata, ma io, per anni, non sono riuscito a comprendere, né tanto meno condividere, chi rischia la vita per sport. Il gioco non vale la candela, continuando con le frasi fatte.

Ma come puoi decidere di correre così veloce? È troppo rischioso!

O sei matto oppure non sei consapevole dei rischi. In moto, come in auto. Come nel paracadutismo, come nell'alpinismo. Per anni, non solo non capivo, ma disprezzavo quelle persone che mi pareva disprezzassero la vita.

Cominciai a nutrire questo tipo di sentimenti il 29 gennaio 1994. In quegli anni, seguivo con passione le gare di sci alpino e quel giorno era in programma la gara di discesa libera femminile di Garmish-Partenkirchen. Ulrike Maier era una campionessa austriaca con molte vittorie nel suo palmares. Era quasi alla fine della sua prova, quando planava giù dal pendio immacolato ad oltre cento all'ora. A quella velocità è peggio che sulla moto. Non hai un oggetto pesante e tecnologico pensato per correre e frenare come una motocicletta. Quando scii a cent'allora, stai viaggiando a velocità folle sopra due assicelle di legno, senza freni. Basta davvero poco, e perdi il controllo. *Ulli*, così la chiamavano, perse il controllo. Nella caduta, con una sfortuna micidiale, andò con il collo ad urtare il paletto microscopico che sorreggeva la fotocellula del cronometro. Uno su un milione, ma le sue vertebre si fratturarono e l'austriaca, senza neanche accorgersene, andò al Creatore.

Quel giorno del 1994 me lo ricordo non solo perché cominciai a provare diffidenza per chi rischiava così apertamente la vita, ma perché fu la prima volta che provai il desiderio di scrivere. Scrissi la cronaca di quella gara, scrissi delle mie emozioni. Non lo avevo ancora capito, ma per fissare la vita che passa, con le sue emozioni fortissime, ho bisogno di scrivere. Scrivo per rendere eterne le emozioni, come se avessi paura che non facendolo, esse svaniscano. Infatti accade proprio così: con il tempo, passa tutto. Ma certe cose è bello conservarle. Allora, io, scrivo.

Per quasi vent'anni, però, ho tenuto ben viva l'idea che rischiare la vita è sciocco, e ho sotterrato la mia propensione spontanea a scrivere.

Poi, il 23 ottobre 2011 mi si è accesa una luce. Non ricominciai a scrivere, però, almeno compresi alcune cose. Ad esempio compresi che non è vero che è la mancanza di consapevolezza che ti permette di rischiare la vita, bensì proprio il contrario.

Arrivare ad essere consapevoli del proprio Talento, porta le persone a maturare una grande forza che viene impiegata nel senso di responsabilità. Quando ci si accorge di avere un Talento specifico in una disciplina sportiva molto rischiosa, si matura la convinzione che non sarebbe responsabile, nei confronti del Talento che Dio ci ha dato, rimanere a casa, a guardare la TV. Nel vangelo, quando si narra la parabola dei Talenti, il ricco Signore, quando torna, si arrabbia molto con chi per paura di mettersi in gioco, sotterra la moneta e non la fa fruttare.

Nessuna di queste persone non avverte la paura. Se non fosse così, non indosserebbero innumerevoli protezioni, non sarebbero state introdotte regole per aumentare il più possibile la sicurezza dei piloti e non si spenderebbero molti soldi per rendere la dotazione tecnica dello sportivo, tale da garantirgli livelli sempre crescenti di sicurezza. Però, quando scopri qual è il tuo Talento, devi metterti in gioco. Quando si gioca, si rischia. A volte perfino la vita, infatti Ulli e Marco, l'hanno persa. Non prima, però, di far fruttare i loro Talenti. Non prima di essere amati, apprezzati, rispettati ed ammirati, non tanto per la quantità incredibile di Talento che di cui Dio li ha dotati: quella non discende da meriti personali, quindi non comporta rispetto; certamente tali livelli di Talento intrattengono e divertono. Ma le persone amano Ulli e Marco perché non si sono sottratti alle loro responsabilità, nonostante queste nascondessero rischi mortali.

Non puoi essere qualcosa di diverso dal tuo Talento, se vuoi vivere in pace con te stesso. E se questo comporta rischiare di morire, beh... che si compia il destino, ma non ci si può sottrarre di fronte alle proprie responsabilità. Se la paura ti vince, la tua vita che senso ha? Se, per paura di perdere la vita, non segui le ispirazioni dello Spirito Santo, finisci col gettare la vita alle ortiche.

Se invece vuoi sentirti il dio che non sei e costruisci un'icona di te stesso, che persegui giorno per giorno, allora la tua vita è una finzione ed ha lo stesso valore di un dipinto falso: qualcuno magari ci casca e lo considera realizzato da un grande pittore, ma il quadro non vale niente, è solo apparenza. Il quadro falso è una copia della realtà, non è la realtà. La tua vita sembra vita, ma è una riproduzione falsa.

In quel caso, la tua vita non vale niente. *Sic et simpliciter.*

Invece, assumersi la responsabilità di ciò che era, ed avere la forza ed il coraggio di essere responsabile del proprio Talento, ha reso di grande valore la vita di *Sic; semplicemente.*

29 APOSIOPESI.
ROMA, OGGI.

Il Talento ce lo dà Dio alla nascita, poi le ispirazioni dello Spirito Santo lo direzionano secondo i piani che Dio ha per ciascuno di noi. Questi progetti, seppure individuali, hanno la caratteristica di non funzionare, come direbbero gli informatici, *stand alone*. I progetti di ciascuno di noi hanno senso ed applicazione solo *in rete*, in condivisione. Dare ascolto alle ispirazioni dello Spirito Santo ci permette di offrire il nostro contributo per la cura del Creato. Far parte del generale progetto della Creazione è ciò per cui siamo venuti al mondo e, per questa ragione, ci fa stare bene. Seguire il nostro Talento è possibile solo attraverso la consapevolezza di cosa siamo e quale funzione abbiamo tra le persone, unitamente alla responsabilità di non sottrarci al nostro dovere.

Si potrebbe obiettare che andare in moto, cercando di correre più veloce di tutti, oppure buttarsi giù da un pendio innevato, con lo stesso obiettivo, non si capisce come possa significare "prendersi cura del Creato".

«Tirare calci ad un pallone, fare la popstar oppure rischiare la vita secondo me non ...; anzi...».

Se qualcuno tra voi lettori, sta pensando in questo modo, ha appena costruito un'aposiopesi.

L'aposiopesi, con l'accento sulla "e", è una figura retorica, dal nome inconsueto e derivante dal greco antico. Significa "decidere di non dire", in una parola "reticenza". Si adotta tale figura retorica quando si sospende il discorso, volutamente, in una certa parte, per darne maggiore risalto. L'uso di questo effetto sottende che il nostro interlocutore conosca il proseguo oppure che sia dotato di sufficienti connessioni neuronali per intuirlo.

Accade spesso che le persone che hanno familiarità, o addirittura complicità, adottino questo modo di comunicare, proprio facendo leva sulla reciproca conoscenza. È quasi un modo di rinsaldare i legami tra le persone: condividere i propri pensieri con i nostri cari, tacendone la parte saliente, in modo da dare contemporaneamente valore a ciò che vogliamo affermare ed alla natura del legame. Intendo dire che se non fossimo certi che la persona con cui parliamo capisca o conosca ciò che tacciamo, non adotteremmo un'aposiopesi. Usare le aposiopesi dà importanza all'interlocutore, perché lo coinvolge a titolo di *intelligente* o *intimo*, se non entrambi.

Questo perché l'aposiopesi, a differenza dell'ellissi, necessita, da parte di chi la ascolta o la legge, un coinvolgimento proattivo. L'ellissi infatti è la figura retorica che si usa quando si tace una parte della frase, sottintendendola, ma la frase che invece si enuncia gode di senso compiuto.

Con l'ellissi, hai il diritto di essere stupido e di non farlo sapere in giro, in quanto se non intuisci che manca un pezzo alla frase oppure se non riesci a proseguire nel senso del discorso, questo non mette in discussione la relazione con la persona che ti sta parlando. L'ellissi è comunque una frase di senso compiuto, quindi, nella peggiore delle ipotesi, qualcosa hai capito.

L'aposiopesi non dà scampo. Ecco perché la si usa prudentemente solo chi reputiamo *intelligente* o *intimo*. Se dico una frase con solo il soggetto e, a mala pena, ci abbino un verbo, ma lascio nel silenzio complementi vari ed avverbi, rischio di far sentire stupido il mio interlocutore, se non ho sufficienti garanzie che la figura retorica sortisca l'effetto voluto. Oppure, accade anche questo, la figura del demente la fa chi usa un'aposiopesi e non viene compreso.

Nel mondo della comicità, ad esempio, viene adottata

abbondantemente e con successo. Una barzelletta non di rado fonda il suo effetto ilare su un'aposiopesi. I comici, a teatro o in TV, ricevono grandi applausi quando conoscono "i tempi della comicità": ebbene, questo significa, tacere su qualcosa per renderlo ridicolo.

Infatti, quando, ascoltando una barzelletta, poi non scoppi a ridere, significa che non sei stato in grado di comprendere il nesso comico e finisce che la barzelletta diventi tu, perché i compagni ti prendono in giro.

Comicità o no, intelligenti e intimi o no, consapevoli del nome o no, con un'aposiopesi o no, avete tutto il diritto di obiettare; tuttavia, ad ogni diritto corrisponde un dovere. Nel frangente, avete il dovere di smettere di considerare le cose individualmente e di acquisire una visione di insieme.

I Talenti vanno considerati nel loro insieme, perché gli uomini, da soli, non vanno molto lontano.

Effettivamente, peccando di approssimazione, leggerezza e superficialità, è possibile considerare l'attività di un pilota di MotoGP inutile. Lui guadagna molti soldi, ma certo non si prende cura del Creato.

Solo se si guarda al pilota, da solo. E non inserito nel contesto sociale.

Lo ripeto: i Talenti vanno considerati nel loro insieme.

La prospettiva cambia, completamente.

Esistono innumerevoli attività che prese singolarmente non possono essere collegate alla cura del Creato o del prossimo, né producono nulla. Esse sono definite attività di supporto. Pensate ad un ospedale: medici ed infermieri sono i protagonisti, ma ci sono amministrativi e burocrati che svolgono una funzione importante, affinché i protagonisti possano curare ed assistere i malati. Non solo, ci sono diverse persone impiegate in pulizie, riparazioni, manutenzione, giardinaggio, vigilanza, servizi alberghieri. Per esperienza (anni fa ho contribuito alla progettazione di sistemi di qualità per l'organizzazione di ospedali molto grandi), so che il numero di persone che non sono direttamente impegnate con la cura dei pazienti è almeno uguale a quello di medici ed infermieri. Riepilogando, ogni dieci medici, occorrono altrettante persone impiegate in servizi ausiliari o logistici. Altrimenti l'ospedale non funziona.

Nell'ottica della gestione del Creato, prendersi cura dei malati...

Sono abbastanza sicuro delle vostra capacità di proseguire il ragionamento, per cui mi affido ad un'aposiopesi.

Eppure sostituire lampadine, non sembrerebbe proprio così nobile, di per sé. Già, ma senza lampadina credo che anche l'infermiera più abile e delicata avrebbe difficoltà a trovarti la vena, senza torturarti, quando serve di infilare l'ago di una flebo.

Con tutta probabilità, poi, chi ha il Talento di prendersi cura dei malati e la mano "leggera" per infilare aghi senza causare dolore, non ha anche il Talento di comprendere la differenza tra Watt, Volt, impanatura grande o piccola, ed altre nozioni da elettricista. Il Signore ha ritenuto opportuno distribuire i Talenti, in modo che le persone fossero tra loro complementari. Ecco il significato di *fratellanza*: dare vicendevolmente rilievo e valore ai Talenti altrui, attraverso l'impiego dei propri. Attraverso l'affermazione della fratellanza, si porterebbe la cura del Creato a regime: ci sarebbe, cioè, una massimizzazione della capacità del pianeta di sostenere l'Uomo, senza depauperarne le risorse, o comprometterne gli equilibri.

L'utilizzo delle figure retoriche non avviene tramite il riconoscimento di diritti d'autore o gabelle, per cui adottatene quante volete. Ma prima di considerare, come ho fatto io per anni, inutile e addirittura sfrontata l'attività di qualcuno, provate a maturare una visione d'insieme.

Scoprirete così che chi lavora ha diritto al suo riposo e che una parte importante della ricreazione psicofisica è l'intrattenimento. Lo sport è spettacolare, soprattutto da quando le tecnologie audio video ci restituiscono emozioni così vivide. Stessa cosa va detta anche per la musica e lo spettacolo in generale. Effettivamente *Sic* non produceva nulla che fosse necessario al sostentamento dell'Uomo o alla cura del Creato. Tuttavia, Marco era consapevole che il suo Talento intratteneva milioni di telespettatori e non si è sottratto alla sua responsabilità. Faceva la cosa che gli veniva meglio, e la faceva con dedizione e col sorriso. Tante persone hanno beneficiato delle sue peripezie; altrettante hanno sofferto per la sua morte. Nessuno, che comprenda i legami che interconnettono gli uomini, ha mancato di tributargli la stima e l'affetto.

Aprendo la mente ed il cuore, avrete una vista grandangolare e questa facoltà acquisita vi permetterà, inoltre, di vedere che il circo a due ruote richiede un'organizzazione meticolosa e febbrile. Affinché una ventina di motociclisti talentuosi si dia battaglia a colpi di acceleratore e frenate all'ultimo centimetro, sono necessarie una gran quantità di persone, in diversi ruoli. Ciascuna di esse percepisce, da questa attività, un benessere economico che gli consente di mantenere la famiglia e crescere i figli. Non avendo mai lavorato in quel mondo, non sono grado di fare un rapporto, come nel caso di un ospedale, tra protagonisti e supporto logistico. Sono però sicuro che nel caso della *MotoGP* sia enormemente sbilanciato a favore del supporto logistico: pensate, per far correre venti piloti, a quanti giornalisti, meccanici, ingegneri, elettronici, manutentori, servono. Pensate che per far correre un motociclista, serve anche una ragazza, molto alta, che sorregga un ombrello, in modo da ripararlo dalla luce diretta dei raggi solari, durante le fasi immediatamente precedenti alla partenza!

E poi, c'è un'altra cosa importante. Ritenere che le gare dei motori siano uno spreco di denaro, quando ci sono persone che muoiono di fame, è superficiale anche perché ogni anno le scuderie mettono a lavoro gli ingegneri più talentuosi affinché progettino e assemblino motori e soluzioni aerodinamiche e ciclistiche, sempre migliori. Non c'è nulla di più stimolante per l'innovazione che la sana competizione, concimata dal denaro. Non sempre le nuove tecnologie sono adattabili alla vita di tutti i giorni, ma buona parte di quelle che adottiamo quotidianamente sono state messe a punto in questo modo. Il risultato della ricerca e sviluppo delle scuderie, viene successivamente adottato per i veicoli che guidiamo ogni giorno, migliorandone l'efficienza e la resa. Questo riduce i consumi e miglioria la sicurezza.

C'è infine un'altra riflessione che è possibile condividere. Se al mondo viene qualcuno con Talento per la velocità come Sic, significa che per la realizzazione dei piani che Dio ha per l'Uomo, serve proprio che le cose vadano in questo modo. Dio progetta il meglio per ciascuno di noi e lo fa in maniera così fantasiosa che per noi è impossibile comprendere i suoi disegni. Esiste però il libero arbitrio: l'amore che Dio nutre per tutti i suoi figli, li rende liberi di compiere qualsiasi scelta. Dio ha creato Uomini col Talento per la guida a velocità impensabili e Uomini col pallino per la progettazione di soluzioni meccaniche innovative. Questa, si direbbe, è cosa buona e giusta. Poi l'Uomo, godendo della sua libertà d'azione, ha inventato il sistema monetario e lo show business dei diritti TV. Dio ci dona il Talento per creare valore, l'Uomo ha generato anche sistemi in cui viene scambiato il fine con lo strumento e viceversa.

Non resisto alla tentazione dell'aposiopesi: omnia munda…

30 UN SECOLO.
ROMA, 17 AC.

Un secolo è un periodo di tempo molto lungo. Tanto lungo che a pochissimi uomini è dato di vivere una vita lunga quanto un secolo. Non so dire se è un bene, oppure no. All'inizio del secolo scorso, in Italia, vivevano la metà delle persone, rispetto ad oggi. Circa trenta milioni di abitanti e le cronache statistiche riportavano che erano in vita una cinquantina di centenari. Cento anni dopo, le persone cui è dato di vivere un secolo sono 6313, o almeno così riporta l'ISTAT. Però la popolazione conta una sessantina di milioni di persone. L'alimentazione migliore, l'igiene e la medicina hanno permesso al club esclusivo dei centenari di incrementare, oltre ogni aspettativa, il numero dei soci. Si tratta sempre di una percentuale esigua. Probabilmente, anche nell'antica Roma c'era qualcuno che viveva cent'anni. Era ancora più raro che agli inizi del Novecento, ma sono del parere che qualche vegliardo abbia tagliato il fatidico traguardo.

Forse perché il numero "cento" evoca qualcosa di molto grande, forse perché vivere un secolo è una cosa che ha il sapore della leggenda, anche gli antichi romani consideravano il secolo come qualcosa di talmente importante che andava festeggiato. Tuttavia, non saprei dire perché, i romani non erano proprio precisi nel calcolo del "secolo". Non che non fossero in grado di fare misurazioni temporali precise. Tutt'altro: riuscivano ad orientare la navigazione di barchette in mezzo al Mediterraneo solo guardando le stelle, figuriamoci se non riuscivano a calcolare un anno solare, ed i suoi multipli. Solo che per loro, evidentemente, non era così importante che un secolo fosse esattamente di cento anni. Successe che festeggiarono *il secolo* anche dopo 110 anni e questo perché, inizialmente, il *saeculum* pare fosse non tanto una misura cronologica aggregata, bensì la vita massima cui un essere umano potesse aspirare: per l'appunto, 100-110 anni.

Una cosa su cui invece i romani erano precisissimi, erano i festeggiamenti. Non perdevano occasione per trascorrere qualche giorno tra giochi e banchetti. Se l'occasione non esisteva, la inventavano. Alcuni storici ritengono, ad esempio, che *il secolo* fu un pretesto per inventare i *Ludi Saeculares*, addirittura, oltre 500 anni prima di Cristo. Nella realtà, è possibile solo affermare che questo tipo di celebrazione venne certamente, perché documentato, realizzato nel 249 e nel 140, sempre prima di Cristo.

Come si vede, non erano fedelmente trascorsi cent'anni.

Questi giochi prevedevano tre giorni di sacrifici e spettacoli che sarebbero dovuti essere alla fine di ogni secolo. Nacquero come festa religiosa.

Al primo imperatore romano non poteva sfuggire una simile occasione. Gaio Giulio Cesare Ottaviano Augusto ricevette dal Senato l'investitura di imperatore nel 27 AC. Lo stesso Senato, gli conferì pure il titolo di *Augustus*, inaugurando una tradizione che durò molti anni: perfino gli imperatori bizantini ebbero il titolo di *Augustus*, almeno fino al 610 DC. A partire dalla mattina del 16 gennaio del 27 AC, il suo nome ufficiale fu *Imperator Caesar Divi Filius Augustus*. Tutti poi lo chiamarono "Augusto", e basta.

Un paio di anni prima di diventare imperatore, Augusto dichiarò ufficialmente che la guerra civile che durava da troppi anni, era finalmente finita. La capacità politica di Augusto di ripristinare la pace, andò ben oltre la durata della sua stessa vita. A partire dal 29 AC, l'impero beneficiò di un lunghissimo periodo di pace. Questa condizione politico militare, di sostanziale equilibrio, venne chiamata *Pax Augustea* e durò, convenzionalmente, fino alla morte dell'imperatore filosofo Marco Aurelio, circa 200 anni dopo.

Dopo una decina di anni che l'imperatore fu incoronato, erano state festeggiate tutte le occasioni possibili ed immaginabili, dal momento che la tendenza a festeggiare dei romani, ben si sposava con la pax. Augusto si ricordò dei *Ludi Saeculares* e, contento come solo un imperatore può essere, decise che era tornato il momento di festeggiare il *saeculum*. Nel 17 AC, chiamò un poeta di 47 anni, già molto famoso per via della sua arte. Si chiamava Quinto Orazio Flacco, ed era lucano. Noi oggi lo conosciamo come Orazio. Nel 17 AC Augusto chiamo a sé Orazio, affidandogli, per via della sua bravura come poeta, il compito di scrivere qualcosa in onore dei *Ludi Saeculares*, che, di lì a breve, sarebbero stati celebrati. Orazio aveva in grande stima e simpatia l'imperatore e fu talmente onorato ed ispirato dall'incarico che diede il meglio di sé. Scrisse un inno di diciannove strofe, dal carattere particolarmente solenne e celebrativo. Orazio voleva che durante i *Ludi* fosse celebrata la grandezza di Roma, impersonata dal grande imperatore Augusto.

Il carme fu un successo.

Uno dei pezzi più famosi, recita così:

Alme Sol, curru nitido diem qui
promis et celas aliusque et idem
nasceris, possis nihil urbe Roma
visere maius.

Questa è la traduzione dal latino:

Sole fecondo, che col carro ardente
porti e nascondi il giorno, e nuovo e antico
rinasci, possa mai tu vedere nulla
più grande di Roma!

Augusto fece bene a coinvolgere Orazio perché il poeta riuscì a concentrare in poche righe l'essenza della grandezza di Roma: analizzandone l'assetto socio culturale, nei tanti secoli in cui ebbe il ruolo di Regina del mondo, ci si è spesso chiesto quale potesse essere il segreto di tale grandezza. Roma e i romani non scivolarono mai nella tentazione di considerarsi una razza speciale né tanto meno un'etnia. Fecero inoltre tesoro di tutte le culture che incontrarono, dominandole, si, ma non distruggendole mai. Roma non schiacciò mai le popolazioni delle *provincae*, concedendo libertà alla loro cultura di origine. Questo fu la base del segreto del successo, nei secoli, di Roma.

Non considerandosi un'etnia superiore, Roma dimostrò sempre di essere consapevole di ciò che era. Il popolo romano conosceva bene i suoi punti di forza e suoi lati deboli: piuttosto che perdere tempo ed energie preziose a nascondere o migliorare i lati più deboli, un romano si impegnava a fondo in ciò che faceva bene. Ancora oggi moltissimi paesi dell'Europa e non, ospitano esempi mirabili dell'architettura romana. I resti, che il tempo ha risparmiato, sono meravigliosi non tanto per il loro indiscutibile valore storico ed archeologico, non solo per l'aspetto estetico, ma, per quanto mi riguarda, soprattutto perché dimostrano che i romani realizzavano opere in grado di soddisfare standard di qualità oggi impensabili ed irraggiungibili. Nessuno degli edifici che costruiamo noi è in grado di stare in piedi per qualche decennio, senza interventi importanti di manutenzione. Invece, gli acquedotti di cui Roma dotava ogni parte dell'impero, esistono da duemila anni, ma questo è solo uno dei tanti esempi possibili.

Tutto ciò è molto importante! Dedicarsi a ciò che si sa fare meglio e condividerlo. Ripeto: la grandezza di Roma non si concesse mai alla barbarie di annientare un popolo e la sua cultura. Ovviamente si attestava una sudditanza marcata da parte dei popoli vinti, nei confronti di Roma, ma esisteva anche una capacità di scambiarsi il meglio di sé. Roma costruiva strade, acquedotti, ponti, teatri. Roma esportava lo *ius*. In cambio, certamente erano imposti i tributi in denaro all'imperatore, ma si godeva anche di tanta cultura: Roma imparava a coltivare piante commestibili, in diversi ambienti e climi, Roma conosceva gusti e sapori sconosciuti, Roma imparava forme d'arte innovative.

Roma, inoltre, era consapevole del fatto che i propri Talenti dovessero essere spesi in comunione. È molto strano dover rilevare che la caratteristica principale che differenzia l'occidente dall'oriente è la percezione del sé nel contesto sociale. Un occidentale si sente unico, importante, pensa al proprio tornaconto, è un individualista irriducibile. Un orientale pensa tutto il contrario. Ebbene, la cosa strana è che Roma, che ha fondato gran parte della civiltà occidentale, era più vicina all'oriente, nel suo non dare grande valore all'*individuo*, in favore della *comunità*.

Un soldato romano pensava e combatteva in modo molto simile al samurai, l'antico guerriero giapponese.

Il termine *samurai*, nella lingua del paese del sol levante, significa servitore. Il *samurai* era una figura colta, illuminata ed abilissima nel combattimento con la spada. Per questa ragione la casta dei *samurai*, aveva il privilegio di difendere l'imperatore. In Giappone, come a Roma, l'imperatore era considerato una figura divina, che incarnava la nazione ed il popolo. Il *samurai*, difendendo l'imperatore, di fatto difendeva la nazione, anzi di più: l'idea stessa di Giappone. Ecco perché essere samurai riservava tanto onore.

Il soldato romano combatteva con a fianco un commilitone. Durante i lunghi e severi anni dell'addestramento militare, veniva insegnato a combattere in ranghi. I ranghi erano file di uomini che avevano il compito di combattere come fossero un unico organismo. A ciascun soldato veniva richiesto di combattere e difendere il proprio compagno al fianco, piuttosto che se stesso. Ogni soldato, aveva di fianco un compagno, col quale condivideva l'asprezza della vita militare ed il destino di vita o di morte. Nelle mani e nell'ardimento col quale combatteva il compagno, nei ranghi, dipendeva la vita o la morte dei soldati romani. Metaforicamente, difendersi reciprocamente, significava, combattere e vincere, per Roma e per ciascuno dei suoi abitanti. In qualche modo, come il samurai serviva l'imperatore simbolo del Giappone, il soldato romano serviva l'idea di Roma. Il soldato, difendendo il suo compagno, difendeva il concetto di romanità, impersonato dall'imperatore, come ideale militare e politico, e nel compagno d'armi, nella realtà quotidiana.

Il soldato romano era consapevole della forza del rango, che rappresentava la forza di Roma. Il soldato romano era responsabile di questa sua potenza e quindi la metteva a disposizione del compagno, che faceva altrettanto e rappresentava tutta la popolazione.

Per tramandare come nacque questo modo di pensare di Roma e dei Romani, si narra che una vestale di nome Rea Silvia, discendente di Enea e del dio Marte, fosse rimasta incinta. Per via del suo ruolo, non poteva fare da madre alla creatura che portava in grembo. Al momento del parto, si accorse che si trattava di due gemelli. La leggenda racconta che i due bimbi furono abbandonati. Una lupa li trovò e li allattò mantenendoli in vita. Vennero chiamati Romolo e Remo e la tradizione vuole che il 21 di aprile dell'anno 753 AC, il primo dei due fratelli fondò Roma, sui famosi sette colli.

Affinché due trovatelli possano dare il via ad una serie di eventi della portata dell'impero romano, è necessario che la loro zattera abbia parecchio vento in poppa.

Che grande determinazione ebbe Romolo...

Per fare grandi cose occorre una grande motivazione, questo è fuori di dubbio. Ma intraprendere imprese come quella di fondare, dal nulla, una città e poi un impero, significa fare bene le cose. Significa avere metodo. Una grande motivazione rischia di essere dispersa, se non viene impiegata nel giusto modo. Con i giusti tempi e con la coordinazione di altre persone, ciascuna nel suo ruolo.

Acquisire questa saggezza, che oggi viene spesso definita come l'insieme di *know how* e *know who*, conferisce consapevolezza. Da questa discende la responsabilità.

O meglio, senza consapevolezza, non è possibile agire responsabilmente, tuttavia non sempre chi è consapevole ha il coraggio e la forza di essere responsabile. Il libero arbitrio si pone tra il tesoro che Dio ci ha donato, il Talento, e l'uso che ne facciamo.

Orazio aveva due Talenti: l'intuito e la poesia. Con il primo ha compreso quale fosse l'essenza di Roma, con il secondo, l'ha descritta con versi eterni. L'attitudine di aspirare ad un ideale buono e valido sia per il singolo che per la comunità e il coraggio di mettere in gioco se stessi per raggiungerlo: ecco cosa ha cantato Orazio di Roma, e questa è la cosa che ha più valore tra tutte quelle che ci rimangono di Roma.

A volte, qualcuno vive un secolo.

Trentaseimilacinquecento giorni... eppure, per vivere secondo Talento e condividerne i risultati, bastano pochi minuti....

31 IL NUMERO NOVE.
MILANO, DICEMBRE 1984.

Ti aspetti che un grande team nautico come *Alinghi* si sia formato in una città sul mare, eppure è svizzero. Il team che ha vinto per due edizioni la prestigiosissima *America's Cup* è nato in un paese che non ha il mare. Cose da pazzi!

Credi che il più grande rapper abbia la pelle scura, invece ce l'ha chiara, ed ha pure gli occhi azzurri. Il cantante Eminem non ha origini afroamericane, eppure è riuscito a sdoganare un genere molto particolare, nato nei quartieri neri delle metropoli statunitensi, scalando le *hit parade* di tutto il mondo. Non si finisce mai di imparare!

Diresti che il più grande sciatore italiano di tutti i tempi è nato e cresciuto a Cortina o a Courmayeur ed invece Alberto Tomba è originario della pianura. Bologna è la sua città.

Pensate: Roma la chiamano *eterna*, Venezia *la serenissima*, Firenze *la bella*. Bologna vanta addirittura tre soprannomi: *la dotta, la grassa, la rossa*. La chiamano così perché ospita il più vecchio ateneo europeo fondato nel 1088, per via della sua cucina irresistibile e per il colore dei mattoni di cui sono costruiti i palazzi e le torri, maggiormente rappresentativi della città. Di neve e di montagne, neanche l'ombra. Invero, non è raro che durante i periodi più freddi dell'anno, Bologna sia imbiancata da qualche fiocco di neve, ma certamente non è la sua caratteristica principale.

Alberto, però, nacque lì. Per la verità a San Lazzaro di Savena, un comune a pochi chilometri dal capoluogo emiliano. La sostanza non cambia. Al mondo succedono proprio cose bizzarre!

Il Talento per lo sci alpino, Alberto ce lo aveva e iniziò a scoprirlo sugli Appennini. Gli Appennini sono una catena montuosa che si estende dalla pianura padana a nord dell'Italia, fino alla punta estrema dello stivale, in Calabria. Non offrono pendii inaccessibili come le Alpi, tuttavia sono montagne di tutto rispetto. Da nord a sud, durante l'inverno hanno le cime imbiancate, ed alcuni impianti sciistici degli Appennini sono attrezzati quanto e come quelli alpini. Ma nessuna gara di Coppa del Mondo fa tappa presso una stazione sciistica sugli Appennini.

Alberto, in ogni caso, dopo che gli fu diagnosticato il Talento cristallino di far filare gli sci, cominciò ad allenarsi a Cortina d'Ampezzo, in provincia di Belluno, nel nord del Veneto. Sulle Alpi.

A 17 anni, nel 1983, fu reclutato dalla squadra nazionale italiana di sci alpino, in categoria C2 e quello fu l'esordio di Alberto nel mondo delle gare. L'anno dopo venne promosso in C1, ma passò velocemente in B, per via dei suoi risultati.

Coerentemente con il fatto che Alberto fu uno sciatore nato in pianura (caso unico), il suo primo grande successo sportivo fu a Milano, capoluogo lombardo noto per la moda e la mondanità, ma non per le sue piste da sci, dal momento che anche Milano, come Bologna, è in pianura. In quegli anni, veniva organizzata una gara dimostrativa chiamata "parallelo di Natale". Prima dell'avvento di Tomba, lo sci alpino non aveva tifosi in ogni dove. Dopo la carriera di Alberto, è tornato a non averne. Ecco perché c'era bisogno di fare gare dimostrative: gli sponsor necessitano di visibilità!

Quell'anno fu sparata coi cannoni la neve artificiale sulla collinetta di San Siro, poco fuori dal centro urbano di Milano. Alberto si presentò come un ragazzino talentuoso al cancelletto di partenza, non certo all'altezza della nazionale maggiore. Indossava il pettorale numero nove. Posizionò le racchette al di là dell'asticella e con il classico vigoroso colpo di reni, diede inizio alla leggenda di Tomba la bomba. Lasciando tutti di stucco, Alberto bruciò le porte dello slalom a suo modo ed al traguardo il suo tempo era il più basso di tutti. Quelli che rimasero più impressionati, furono i suoi colleghi della nazionale maggiore, nei panni dei quali non sarei voluto essere, quando più tardi, l'allenatore fece loro una gran lavata di capo.

Come avete fatto a farvi fregare da un ragazzino?

Quello però non era uno qualunque, e nelle 14 stagioni successive ebbe modo di dimostrarlo in lungo e largo.

Alberto vinse ovunque e comunque. Era un ragazzo emiliano un po' gradasso, il tipo al quale si perdona qualsiasi spacconata, soprattutto se vince di continuo. All'arrivo delle piste, lungo le quali venivano disegnati i tracciati di Coppa del Mondo, se gareggiava Alberto, non sapevano più dove mettere i tifosi. La loro voce si alzava dal fondo valle, fino in cima alle piste e come una bora inarrestabile spingeva al traguardo *la bomba*, che raramente deludeva i suoi tifosi. Vinceva in ogni condizione. Mi ricordo quella volta, in Val Badia, che durante uno slalom gigante gli rimase impigliata la bandiera di una porta attorno al collo. Alberto abbinava una gran tecnica ad una potenza esplosiva che gli permetteva di abbattersi come una furia sulle porte del tracciato. Alberto Tomba la pista se la mangiava! Beh, quella volta ci andò giù talmente duro che la porta si ruppe e la bandierina gli rimase prima in faccia e poi attorno al collo. Una gara di sci è una gara contro il tempo. È il cronometro a sancire il vincitore. Normalmente, i primi dieci sciatori sono racchiusi in pochi attimi. Si tratta di centesimi di secondo. Quindi è facile immaginare che la frazione di secondo che impieghi a realizzare che hai una bandiera attorno al collo e riesci a fartene una ragione, può fare la differenza tra la vittoria e una gara mediocre. Alberto vinse, anche quella volta. E all'arrivo, ogni volta si scatenava il tifo più invasato, colorito e rumoroso che si fosse mai visto in quella disciplina. Una volta, a Lech nel 1994, in slalom speciale, prese male le distanze da una porta e quasi si fermò per non cadere. Dal momento che non aveva saltato nessun paletto, decise di ripartire.

Prese nuovamente un buon ritmo ed al traguardo il cronometro segnava il tempo più basso. Quello più stupito di tutti era proprio lui: noi, invece, sapevamo che Alberto avrebbe potuto fare il miracolo sportivo. Ci fu la volta che perse alla partenza una racchetta, imprimendo troppa spinta sulle braccia per darsi lo slancio iniziale. Stessa storia: primo.

Affinché le lamine degli sci degli atleti non scavassero solchi eccessivi sul manto nevoso, gli organizzatori presero a trattare la neve con delle sostanze chimiche, in modo da renderla più dura, quindi più resistente. Durante uno slalom speciale a Chamonix, sul versante francese del Monte Bianco, gli organizzatori si fecero prendere troppo la mano e il tracciato somigliava più ad una pista di pattinaggio artistico, che non ad una gara di sci alpino. La base dei paletti, infilata nella neve, poteva scorgersi per due o tre dita perché il ghiaccio è trasparente. Ciascuno degli atleti ebbe grandi difficoltà e nessuno riuscì a dare il massimo. Non Alberto. Come fece, nessuno lo capì mai, ma riuscì a danzare tra i paletti a velocità folle, infliggendo al secondo arrivato un distacco pari a quanto normalmente avrebbe distanziato il primo ed il decimo.

Alberto fu un grande campione.

Sul finire della carriera, durante il 1998, furono organizzati i Giochi Invernali a Nagano, in Giappone. Venne disputato prima lo slalom gigante, durante il quale Alberto si procurò un infortunio. Non era così grave da confinarlo su un divano a guardare il resto della manifestazione in TV, così lui decise di disputare la gara di slalom speciale, anche se non in perfette condizioni fisiche. Tomba a volte sembrava un supereroe, ma era solo un uomo e con un infortunio non si gareggia bene. Purtroppo la pirotecnica carriera sportiva del bolognese rischiava di chiudersi con queste due gare andate male.

Ma chi è consapevole del proprio Talento, può decidere di comportarsi responsabilmente. Alberto si comportò responsabilmente: per sé, per i tifosi che per anni l'hanno seguito, per la squadra che lo ha assistito, dando il massimo per vederlo vincere. A volte, non conta tanto *cosa* fai, ma *come* lo fai. E chiudere la carriera con l'esperienza di Nagano non era da persona responsabile. Chi desidera realizzare il proprio Talento in grandi progetti, come il sogno di Roma, è pronto a mettere in gioco se stesso e la propria vita, impegnandosi a fondo.

La prima gara che Alberto vinse in Coppa del Mondo, fu a Crans-Montana, in Svizzera. E il destino gli concesse un'ultima possibilità proprio nuovamente tra le valli elvetiche, a Crans-Montana.

Era l'ultima gara della stagione 1998, la neve cominciava a diradarsi sui prati; il calore dei tifosi, quello no! Alberto, disse in seguito, che non sapeva ancora che sarebbe stata l'ultima gara della sua vita. Quel giorno Alberto non notò neanche che addosso, la sorte, gli aveva messo il pettorale numero nove. Se lo avesse notato, forse avrebbe capito, in anticipo. Ma se avesse capito, non avrebbe avuto il respiro rotto dal pianto per l'emozione, dopo la gara. Era consapevole dei suoi mezzi, ma non credeva che avrebbe vinto ancora.

Come dicevamo, un secolo è una vita lunga, per un uomo. Molto lunga. Ma quanti giorni ci è concesso di vivere, non dice nulla su quanto impegno si sia messo nel farlo bene. Alberto, per dimostrare a tutti che era responsabile del Talento che Dio gli ha donato, quel giorno impiegò circa un minuto.

La serie televisiva Sfide era una trasmissione che raccoglieva l'intera carriera dei più grandi campioni di ogni sport, montata e commentata in una sola puntata. Quella dedicata ad Alberto Tomba, montò le immagini relative a quella sua ultima gara in modo superbo. La voce femminile, fuori campo, introdusse la gara definendo lo stile di Alberto, come inconfondibile; in poche parole, vittorioso.

Appena la bomba lascia di slancio il cancelletto di partenza, parte la musica di sottofondo. Si tratta di un brano di Moby dal titolo *Why My Heart Feels So Bad*. La musica è dolce, malinconica. L'addio alle competizioni di Alberto rese tutti tristi, me per primo. Il cronista sottolinea la decisione del campione italiano, ma anche che gli avversari sono più che mai agguerriti. Il tempo fatto registrare dai due norvegesi, che momentaneamente sono i migliori, è difficile da battere. Loro sono al culmine della carriera, Tomba comincia ad essere "vecchio". Alberto riesce a convogliare tutta la sua potenza sugli sci, con rabbia agonistica. Forse troppa e commette qualche imprecisione. Avevamo tutti il cuore in gola, non solo gli italiani. Ad ogni cambio di direzione il cuore ti si ferma un attimo, per la paura che la forza di gravità abbia la meglio. Ma le gambe di Alberto sono due pistoni indiavolati che assecondando le asperità del pendio e direzionano gli sci sempre lungo la traiettoria più corta. Per ora, la gravità non ha la meglio ma alla rilevazione cronometrica intermedia, Tomba accusa 3 centesimi di secondo di ritardo. È un tempo minuscolo, quasi istantaneo, ma separa il paradiso dall'inferno. Intanto in sottofondo, Moby, accompagnato dalle note del pianoforte, comincia la strofa:

Why my heart feel so bad
Why does my soul feel so bad?

Il cronista, più tifoso di tutti, cerca di nascondere invano la sua apprensione, tentando di rimanere sopra le parti. Ma non ci riesce e invece di raccontare cosa accade a Crans-Montana, non smette di dire cosa Alberto dovrebbe fare. Arriva un passaggio cruciale, uno di quelli che se sbagli, sei fuori. Tomba sembra poter sentire la telecronaca e comanda al suo corpo movimenti precisi, perfetti; proprio quelli caldeggiati dal telecronista. Il traguardo è vicino *"Molla, Alberto!!!"*: è il momento di cercare la massima velocità possibile… A qual punto, anche se non è passato neppure un minuto, comincia a mancarti il fiato, come se fossi tu al massimo dello sforzo atletico. Ma non è ancora il momento di dare sollievo ai polmoni, e siccome siamo al culmine della carriera di un campione, smetti completamente di respirare. A pochi metri dal traguardo, mentre scavalca una doppia, Alberto lancia definitivamente il suo corpo all'arrivo. Il cronista urla, Alberto si gira a vedere il tabellone dei tempi. La TV, istantaneamente, riporta in basso del teleschermo, in sovrimpressione, il numero 1. A fianco, c'è il tempo finale ed il distacco dal secondo. Ma quei numeri vengono ignorati: conta solo il numero iniziale, ed è un *uno*.

Alberto Tomba ha vinto, ragazzi!

Ha vinto Alberto Tomba….

Lui legge il risultato, ed alza la mano al cielo: cinquantesima vittoria in Coppa del Mondo. La regia stacca sugli spalti del parterre: ci sono austriaci, norvegesi, tedeschi, finlandesi, svedesi e gli italiani. Un tripudio di gioia, condivisa. Lo sport, il vero sport, è anche questo. Il Talento, lo è sempre. Onore all'impegno di tutti gli atleti, onore al campione!

Come se fosse stato preparato a tavolino, il secondo ed il terzo classificati, hanno addosso i pettorali numero 2 e 3. Sono due norvegesi e accettano la sconfitta con gioia perché il merito del Talento va sempre onorato. Sempre. Così, inscenando una tra le immagini più belle della storia dello sport, metafora di vita, i norvegesi prendono sulla spalle il ragazzone emiliano. E lo portano in trionfo. Due campioni che condividono lo splendore di una carriera e umilmente *si fanno* podio, per Alberto. Lui è ancora stordito dalla gioia e dallo sforzo, i norvegesi, con il sorriso in volto, lo portano sulle spalle. Che emozione!

Arriva il momento di lasciare il palcoscenico al vincitore: *la bomba* rimane solo, sulla neve immacolata; la musica continua:

He'll open doors

He'll open doors

He'll open doors

He'll open doors

Alberto comprende la portata della sua impresa e le gambe erculee cedono all'emozione: si lascia cadere, schiena a terra. Applaude al cielo, poi non regge: si porta le mani al volto e scoppia a piangere.

Why my heart feel so bad

Why does my soul feel so bad?

A volte, l'emozione è così intensa che fa quasi male.

Si rialza e prova a congelare l'emozione spargendosi la neve in faccia; la telecamera lo riprende da vicino e tu non puoi fare a meno di notare che sul cuore, come tanti anni prima, ha il pettorale numero nove.

32 UBI DEUS IBI PAX.
ROMA, OGGI.

Durante quella puntata del programma *Sfide*, dedicata a Tomba, durante la riproposizione delle immagini della sua ultima gara, che vinse, vennero montate anche le immagini di un'intervista ad Alberto, contemporanea al momento in cui venne registrata la puntata, per cui, diversi anni dopo. Alberto raccontava che quel giorno, a Crans-Montana, non decise di smettere. E neanche nei giorni successi. Tuttavia, nei mesi a seguire, sentì di essere sereno, soddisfatto, con la coscienza a posto. E prese quindi con naturalezza la decisione di terminare la sua carriera agonistica.

Credo che queste parole che Alberto confidò all'intervistatore, siano importanti tanto quanto i suoi successi. Al termine del capitolo intitolato *Uno sguardo luminoso*, riporto alcune parole di Francesco di Sales, prese da *Trattato dell'amor di Dio*. Sono riflessioni circa lo stato d'animo che si prova, quando si accolgono le ispirazioni dello Spirito Santo, oppure no. Le riporto, nuovamente

[…] *uno dei segni più certi della bontà di tutte le ispirazioni e, specialmente di quelle straordinarie, è la pace e la tranquillità di cuore in chi le riceve* […].

Alberto fu consapevole delle sue straordinarie capacità ed agì di conseguenza. Fu, quindi responsabile. Sempre usando le parole di Francesco di Sales circa la legittimità delle ispirazioni dello Spirito Santo, si può affermare che al campione non mancò la *perseveranza* (diede il massimo, fino all'ultima gara, vincendola), l'umile obbedienza (per ottenere simili risultati a partire dal Talento, è necessario seguire rigidi stili di vita, in particolare per gli allenamenti), la pace e la tranquillità (essersi comportato responsabilmente rispetto al proprio Talento, ha dato serenità ad Alberto, come lui stesso confessò alle telecamere.).

Molte persone non accettano che la propria carriera termini, né il naturale invecchiamento. Questo accade quando manca la serenità nel cuore.

La locuzione latina *ubi Deus ibi pax*, significa letteralmente dove c'è Dio, c'è pace. Certamente, questa frase va presa per come è: amore e discordia sono l'opposto l'uno dell'altra e dal momento che Dio è Amore, allora è anche pace. Tuttavia credo che questa massima di teologia in pillole possa essere anche interpretata. La semplicità è un valore, però l'Uomo e il Creato non sono affatto semplici; quindi a volte bisogna rimboccarsi le maniche e fare la fatica di comprendere la complessità della vita. Rendersi docili e non impermeabili alle ispirazioni dello Spirito Santo, in modo da agire secondo il Talento che Dio ci ha donato, dona un'esistenza appagante a livello intimo, spirituale. Inseguire le icone di noi stessi ci proietta in un cosmo fatto di impegni pressanti, inquietudine, insoddisfazione, vanagloria. Accogliere i suggerimenti dello Spirito Santo significa accogliere Dio, e quando permettiamo che Dio alberghi nel nostro cuore, la croce della nostra vita, diviene dolce. Questo ci darà la pace.

Volendo proseguire per sillogismi, se riesco a percepire che sono amato da Dio per quello che sono, riuscirò a dismettere tutti i filtri che mi impediscono di vedere chi sono realmente. Se davvero sento nel cuore l'amore che Dio ha per me, posso far tacere quel giudice interno che mi rende succube e che mi fa creare icone dorate, per compensare la pessima reputazione che nutro di me. Rimuovendo i filtri che mi proteggono dalla visione reale di me stesso, diventerò consapevole di ciò che sono. La consapevolezza dona gli strumenti per agire responsabilmente. Ma avendo compreso che Dio mi ama e che desidera la mia esistenza perché ha dei progetti per me, come posso esimermi da seguire le sue ispirazioni, attraverso lo Spirito

Santo? Seguirle con tutto me stesso, mi dona la pace del cuore. Esiste forse un tesoro più grande di questo?

Gli esempi di Talento che riporto, sono campioni acclamati ed artisti di fama internazionale solo perché sono famosi, quindi noti un po' a tutti. Questo non significa, e lo ripeto, che il Talento sia solo quello; il Talento è *anche* quello.

Principalmente, il Talento, a livello statistico, non è certo quello che hanno le persone straordinarie. Si compie questa pericolosa sovrapposizione solo perché quel tipo rarissimo di Talento è così appariscente, che non si può fare a meno di ammirare l'opera del Signore.

Però, a pensarci bene, ci vuole molta più consapevolezza e responsabilità quando sei uno come tanti. Perché, in quel caso, il Talento che Dio ti ha affidato non è così evidente, e a volte succede pure che il Talento che possiedi non ti porterà né denaro né gloria, ma tanti sacrifici, spesso non riconosciuti da nessuno. Ecco che compaiono tanti dubbi, tante paure, e si mastica amaro.

Per questo motivo, Francesco di Sales ha voluto scrivere quelle parole ed ecco perché io le ho riportate addirittura due volte, in diversi capitoli. Perché la maggior parte di noi, piaccia o no, non ha Talenti come quelli dei personaggi famosi. È però un terribile spreco non far fruttare il Talento che Dio ci ha donato, nonostante le difficoltà della vita, che Lui permette.

Non bisogna pensare che le persone cui Dio affida un Talento da campioni, siano avvantaggiate. Direi piuttosto che sono esattamente come le altre: anche loro angosciate dalle paure, dal giudizio degli altri, dai cali di autostima, dalle malattie, dalle maldicenze, ecc. Il loro conto in banca spesso è inarrivabile per quasi tutti, questo lo riconosco. I soldi sono un grande strumento e spesso ti danno un po' di sicurezza in più. Però se bastasse un Talento enorme e un conto in banca a sei zeri, a far star bene le persone, come mai Marylin Monroe, Robin Williams, Kurt Cobain, Mario Monicelli, Sid Vicious, si sono suicidati? E come mai altri personaggi zeppi di Talento hanno abusato di alcool e droghe fino a morirne, come Amy Winehouse, Jim Morrison, Philip Seymour Hoffman?

Ad una prima impressione, sembrerebbe che gli sportivi tendano al suicidio meno di cantanti ed attori. Non è così. La lista di persone di successo nel mondo dello sport, che si sono tolte la vita è altrettanto triste e lunga. Tanto per citarne almeno uno, mi viene in mente Agostino Di Bartolomei, calciatore degli anni '80, che vinse il meraviglioso scudetto con la Roma di Nils Liedholm, che nel 1994 decise di interrompere volontariamente la propria vita.

Si potrebbe obiettare che, allora, non sempre agire secondo Talento fa stare bene.

L'ho scritto all'inizio del libro: io non ho la palla di vetro e quello che scrivo non va preso come Verità Assoluta. E poi, ho scritto anche questo poche righe sopra, l'Uomo è qualcosa di estremamente complesso. Si possono fare schemi, modelli, rappresentazioni, disegnare tendenze, grafici e mappe: non sarà mai possibile prevedere né contemplare tutto ciò che è possibile che si avveri. Inoltre, a volte, il malessere che porta al suicidio, senza voler giudicare nessuno, potrebbe non essere altro che l'incapacità di accettare, quindi esserne responsabile, le conseguenze del nostro Talento. Faccio un esempio: ciò che maggiormente soffrono alcune persone dal Talento rarissimo è la notorietà. La mancanza di privacy che ne consegue, oppure il terrore della sua fine, possono far perdere l'equilibrio ad un persona.

Questa è la dimostrazione che i soldi non fanno la felicità, come neanche il Talento enorme, di per sé. Invece non c'è traccia di morti suicidi che ebbero maturato, con metodo, un buon livello di consapevolezza, da cui fecero discendere un agire responsabile. O almeno io non li ho scovati…

Ma sono sicuro che non sia possibile rifiutare la vita quando si accolgono le ispirazioni dello Spirito Santo, perché *ubi Deus ibi pax*.

33 L'ARREMBAGGIO DEL PIRATA.
PLAN DI MONTECAMPIONE, BS (ITA), 4 GIUGNO 1998.

Per fugare ogni dubbio sul fatto che avere un grandissimo Talento sia di per sé appagante o facile, vi racconto di quella volta in cui un pirata andò all'arrembaggio. O meglio, vi racconterò del suo avversario. Il pirata si chiamava Marco Pantani e il suo avversario, quel giorno, Pavel Tonkov. Il 4 giugno 1998 si correva la diciannovesima tappa del Giro d'Italia. Marco era leader della classifica generale e ne indossava il vessillo rosa. Pavel ambiva a quel colore e aveva il Talento per osare. Come sempre, le ultime tappe del Giro, si corrono sulle montagne, dove si fa la differenza, dove devi dare tutto per vincere. Solo i più grandi campioni del ciclismo hanno superato le cime delle Alpi per primi, solo alcuni tra questi vantano di essere passati per primi sotto il traguardo di arrivi in salita. Marco vantava questo risultato.

Sono particolarmente affezionato alla trasmissione Sfide, come già detto, perché aveva il grande merito di montare le gare più belle dei campioni, con interviste a posteriori di persone che, anni prima, furono protagoniste di quegli eventi. È molto istruttivo su come gestire il Talento. Per questa ragione, ancora una volta, attingerò da questo repertorio.

La puntata dedicata a Marco Pantani, che per i tifosi era il *Pirata*, non poteva non raccontare di quella giornata, non tanto perché Marco si guadagnò la vittoria del Giro d'Italia, ma perché il duello con Pavel fu epico, emozionante, infinito, a tratti struggente. Ho amato come pochi altri campioni Marco, ma qui voglio parlarvi più che delle sue imprese pazzesche, del rapporto che, su quella salita, legò per sempre i due rivali.

In quell'edizione del Giro, l'avversario più temibile per Marco è Alex Zülle, almeno sulla carta. Zülle è un ciclista svizzero con caratteristiche molto simili a Miguel Indurain, lo spagnolo che qualche anno prima aveva mietuto successi a non finire. Come Miguel, Alex è un treno nelle prove a cronometro, cosa che gli permette di indossare la maglia rosa, fin da subito. Dopo le prime due settimane di gara, Marco accusa un distacco molto pesante dallo svizzero, ma il menù della terza settimana, offre le Dolomiti, e sulle salite più dure il Pirata riesce ad esprimere il suo meglio. Marco non è di molte parole e i suoi compagni di squadra sanno che la mattina, prima delle gare, è sempre molto teso: probabilmente, il fatto che ci siano solo tre tappe di montagna, a disposizione per recuperare posizioni in classifica, non aiuta. Però la squadra non è preoccupata, infatti Orlando Maini, direttore sportivo, sa che quando Marco comincia a diventare nervoso, significa che è in forma, quindi può competere per le posizioni alte del podio. La prima delle tre opportunità è la tappa che con l'arrivo a Selva di Valgardena. I chilometri previsti si snocciolano su e giù per cinque passi del Trentino: Duran, Staulanza, Marmolada, Pordoi e Sella. Un incubo, per ogni ciclista. Salite da spezzarti le gambe. Quella della Marmolada è quella per giusta per Marco, che non vede l'ora di alzarsi suoi pedali e far vedere allo svizzero di che pasta è fatto. Roberto Conti, suo gregario, ricorda che il Pirata non aveva mai pedalato su quella salita e non conoscendola, ad un certo punto gli chiede di avvertirlo quando fosse arrivata. Roberto, in precedenza, lo aveva avvertito che era davvero dura, ma Marco volava verso la cima di ogni montagna, come se la fatica per lui non esistesse. La Marmolada arriva e il secondo in classifica, Pavel Tonkov, non si lascia sfuggire neanche un centimetro per provare a vincere: parte di slancio ma Marco rimane nel gruppo. Sempre Conti, ricorda che a metà della salita era sfinito, e rivolgendosi ansimando a Marco gli chiede quando pensa di attaccare. Marco come se niente fosse risponde che aspetta la salita dura della Marmolada. Roberto, con un filo di fiato, lo informa che è già iniziata da un bel po'. Così Pantani si alza sui pedali, spingendo come un ossesso. La salita passa ed arriva la discesa. Torna la salita e siamo sul Pordoi. Marco è in testa, e un corridore italiano di nome Giuseppe Guerini, molto forte anche lui in salita, scala i tornanti con il Pirata. Il ciclismo ha un fascino eccezionale perché accade che corridori di squadre diverse, si alleino, trovando per la strada l'occasione di far coincidere, almeno per qualche chilometro, gli obiettivi personali. Un po' come nella vita, a volte ci leghiamo a persone, che incontriamo casualmente e con le quali si condivide la fatica. Torna comodo ad entrambi ed è rassicurante. Finalmente arriva il Sella, l'ultima salita. Pavel Tonkov, il russo, è poco dietro e il fatto che Guerini aiuta Marco, non toglie nulla alla sua pericolosità. Ma la cosa più importante e degna di nota è che Alex Zülle, il leader della classifica, non sia riuscito a digerire i precedenti 4 passi. Le sue gambe non girano più e la sua bici sembra di piombo. Il ritardo dello svizzero comincia a diventare enorme, e, virtualmente Marco è la nuova maglia rosa. Il ciclismo ha in sé una grande somiglianza con la vita. E la saggezza è importante anche suoi pedali: Marco e Giuseppe fanno la salita finale aiutandosi a vicenda e a pochi metri dall'arrivo, il Pirata lascia passare Guerini. A Marco interessa la maglia rosa, ed è giusto concedere, in segno di gratitudine, la vittoria di tappa a Guerini, che invece non ha grandi velleità di classifica generale, ma che comunque si è guadagnato, andando in fuga e lottando come un leone. Il ciclismo, come la vita, è emozionante per questi gesti, queste alleanze, questo rispetto, questa lealtà. Pavel Tonkov arriva poco dopo.

Marco tiene così tanto ad indossare quella maglia rosa perché non ci era mai riuscito prima. Sul podio la gente urla il suo nome e lui sorride, come un bambino.

Il giorno dopo, ancora montagna. L'arrivo è stato fissato, dagli organizzatori della kermesse rosa, presso l'Alpe di Pampeago. In testa alla classifica c'è Marco, ma subito dietro Pavel, poi Guerini. Zülle il giorno prima ha perso molti minuti, ma è sempre quarto e fa ancora paura. Marco scatta, Pavel lo segue. Mancano 4 chilometri all'arrivo e la salita è dura ma non impossibile. I due distanziano tutti e a pochi metri dal traguardo il russo, con uno scatto, si aggiudica la vittoria di tappa. Poco male: il distacco che Marco ha nei confronti di Pavel, in classifica generale, non cambia. Tutti gli altri arrivano dopo. Quindi la vittoria del Giro, salvo colpi di scena, e nel ciclismo avvengono all'ordine del giorno, è un duello tra loro due. Una foratura, le gambe che non girano più, una scivolata, sono molte le cose che possono succedere, a mischiare le carte della gara, ma sono loro a giocarsi la vittoria. Quindi, tutto rinviato al giorno successivo, il 4 giugno. Fa un gran caldo e bisogna bere molto, perché se nella foga della competizione non ti idrati a sufficienza, i crampi ti assalgono e… fine dei giochi. I gregari, arrostiti dal sole ma determinati come non mai, conducono per mano i capitani Pantani e Tonkov fino all'imbocco della salita di Plan di Montecampione. Il toponimo è adatto alle circostanze: chi doma la salita, vince il Giro. Adesso tocca ai capitani e 16 chilometri li dividono dal traguardo di una salita terribile. Marco non è un attendista e non mette mai in atto strategie da ragioniere. Infatti è lui a scattare, anche se spetta a Pavel, dal momento che la classifica lo elegge come lo *sfidante*. Comunque, Pavel rimane incollato alla ruota posteriore del Pirata e non si fa sorprendere. La gara diventa una sonata a 4 mani. Sono solo loro due, sulle rampe dei pendii alpini. Sempre sui pedali, uno scatto dopo l'altro. Pantani che normalmente riusciva ad avere la meglio di qualunque ciclista con al massimo due scatti, è costretto a mettere in scena una sinfonia di scatti. Dopo pochi chilometri, se ne perde il conto. Una cosa pazzesca, spettacolare, soprattutto perché il russo risponde sempre e non perde un centimetro. Che gara!

Il caldo e la fatica estrema, cui sottopongo le proprie gambe, costringono i duellanti a sbarazzarsi di tutto ciò che al momento sembra superfluo: i cappellini (il casco divenne obbligatorio solo in seguito) e gli occhiali vennero gettati, con la speranza di pesare il meno possibile. Le loro danze, a cavallo delle biciclette, danno l'impressione che i due siano immuni dalla forza di gravità. Ma nessuno può esserlo e Marco non ce la fa più. Nel ciclismo, come nella vita, a volte è tutto un gioco di sguardi. Se ti giri indietro per vedere cosa fa il tuo avversario, magari lui capisce che sei in difficoltà e sferra il colpo letale. Al massimo, se ci riesci, puoi cercare, con la coda dell'occhio, l'ombra della sua ruota, riflessa sull'asfalto infuocato, e, da questa, cercare di capire le condizioni fisiche e mentali del tuo rivale.

La sinfonia dei due diventa una tesissima partita a scacchi, dove da una mossa falsa scaturisce lo "scacco matto". La velocità è altissima, la fatica oltre il sopportabile. E qui entra in gioco la responsabilità. Sei consapevole che hai il Talento per vincere una tra le competizioni ciclistiche più importanti del mondo, ma devi fare una scelta, che condiziona gli eventi. Devi, cioè, rispondere delle cose, essere responsabile. Te la senti di dare tutto? Te la senti di scoprire che quel giorno, non sei tu quello più forte? Te la senti di fare uno scatto che può rivelarsi di troppo rischiando, dopo che fai sacrifici da anni, allenandoti con costanza, di mandare tutto all'aria per questo errore di valutazione? Te la senti di mostrare a migliaia di tifosi e giornalisti i tuoi limiti? La responsabilità è grande, enorme. Il ciclismo è come la vita.

I due onorano le loro responsabilità e si mettono in gioco completamente, fino all'ultima pedalata, fino all'ultimo centimetro di salita, fino all'ultima goccia di sudore che scende sugli occhi.

Alcuni tifosi sfidano le asperità della salita, correndo di fianco ai due per alcune decine di metri, per poi capitolare, senza fiato, ma con la gioia di aver sostenuto, almeno un po' i loro beniamini. Marco e Pavel, in piena trance agonistica, neanche li vedono. Pare che Marco, il quale aveva un piercing sul naso, se lo sia tolto, con l'intenzione di alleggerire il suo corpo il più possibile. Questa non è follia: questa è la responsabilità di fare tutto ciò che si può fare.

La voce indimenticabile del compianto Adriano De Zan, ad un certo momento, ha un sussulto. Capisce che qualcosa sta succedendo, un attimo prima che succeda. Adriano urla *"Attenzione, Attenzione, è il momento decisivo!"*. L'ennesimo scatto del Pirata rappresenta quel famoso *uno di troppo* per Pavel. Il russo, inizialmente, si alza sui pedali per tener dietro a Marco, poi le gambe cedono, ed il suo corpo ricade, esausto, sulla sella. Non ce la fa. Non ce la fa più. Ha dato tutto. Di lì a pochi metri c'è un tornante, e Marco che ha già un po' di vantaggio, può vedere senza doversi girare che Pavel, oramai, è sconfitto. Manca poco più di un chilometro al traguardo, e la strada sembra non finire mai per Tonkov, distrutto e demoralizzato, ma non per il Pirata, che appare rinvigorito. La sonata a quattro mani si trasforma in una cavalcata trionfale e solitaria. Durante gli ultimi metri, Marco non avrebbe bisogno di continuare ad alzarsi suoi pedali, ma lo fa, incendiando l'entusiasmo di tutti. Da solo, vestito di rosa e con il volto sfigurato dallo sforzo sovrumano, Marco taglia il traguardo e, mentre prova a ritrovare il respiro, alza le braccia al cielo. Forse in quel momento ringrazia il rivale: senza di lui nulla di tutto questo sarebbe stato possibile.

La cosa che mi emozionò maggiormente il giorno che vidi in diretta la gara, fu la voce del telecronista che informava i gentili telespettatori che il ciclista russo non ce l'avrebbe fatta a seguire ancora quello italiano. Ero giovane e non avevo ancora imparato che bisognava inchinarsi di fronte ad un avversario del genere. Mi limitavo a vedere l'apparenza, la superficialità e poi ero supertifoso del Pirata per cui urlavo davanti al televisore, anche io, come migliaia di ragazzi lungo la strada *"forza Marco, non mollare!!!"*.

La cosa che mi emoziona di più, oggi, riguardando quella puntata di Sfide, fu l'intervista a Pavel, anni dopo. La sua versione dei fatti. Forse mi emoziona anche perché non potremo mai sentire la versione del Pirata, ma questa è un'altra storia.

Pavel racconta della guerra di sguardi che lungo la salita si consumò, tra i due atleti. Raccontò di quanto rispetto ci fosse, al cospetto di tanta responsabilità, nei confronti del proprio Talento. Tanta da star male. Pavel riconosce, durante quell'intervista, che quando Marco si alzò per la centesima volta sui pedali, lui fece come le altre novantanove: si alzò anche lui, per non concedere neanche un metro al rivale. Quell'ultimo scatto, però, fu fatale. Pavel racconta di come quello sforzo prolungato ed intenso, come non mai, gli avesse reso insensibili le braccia e le mani e pure le gambe. Serio e concentrato sul ricordo, Pavel dice che dovette risedersi, sul sellino. Marco era più forte, punto e basta.

Ci sono due cose che trovo emozionanti, perché importantissime. Primo: Pavel riconosce la grandezza dell'avversario e contemporaneamente i suoi limiti. Questa sua consapevolezza lo rende tranquillo, piuttosto che invidioso, perché sa di aver dato tutto ed ha la coscienza a posto. Secondo (soprattutto): Pavel mette in luce che avere un rivale, non è altro che un espediente per mettersi in gioco, per misurare quanto siamo responsabili del nostro Talento. Quanto siamo disposti ad accettare le avversità, pur di dar frutto al Talento. Pavel dimostra di aver dato tutto: il suo corpo non era più in grado di fare uno sforzo così intenso e, visto che la sua mente ed il suo coraggio continuavano a non ascoltarlo, il corpo si impose interrompendo le terminazioni nervose e rendendo insensibili le parti coinvolte. Quella tappa e quel Giro li vinse Marco, però la lezione di vita, ce la diedero entrambi. Senza l'altro, nessuno dei due avrebbe potuto dimostrare di avere il coraggio di mettere in gioco tutto se stesso.

Pierre de Coubertin, fondatore dei Giochi Olimpici nel 1896, era solito dire che *l'importante non è vincere ma partecipare*. Questa frase è diventata famosa e chiunque la conosce e l'ha citata più volte, in vita sua. Purtroppo, negli anni, è accaduta una cosa che accade spesso: si stravolge la Storia, raccontandone una versione che ci piace di più. La frase del barone Pierre de Frédy, questo era il suo vero nome, conosciuta da tutti è monca: manca la seconda metà. In questo modo se ne cambia il senso, anche perché il senso e l'importanza che Pierre aveva in mente, venivano enunciati solo nella seconda metà. La frase completa è: *l'importante non è vincere ma partecipare. La cosa essenziale non è la vittoria ma la certezza di essere battuti bene.*

Non credo che la frase sia stata recisa a metà solo per pigrizia. Credo piuttosto che affermare la frase completa ponga nella condizione di essere responsabile di *come* ci si è stati battuti.

Mi spiego: un conto è perdere una partita di pallone, dopo aver passeggiato sul prato per novanta minuti; tutt'altro è perdere una finale di *Champions League*, dopo aver combattuto come leoni, ed aver costretto l'avversario ai tempi supplementari.

Allora sì, che va bene. Perdere, nello sport, come nella vita, fa male, brucia dentro. Sapere di aver onorato la gara, agendo responsabilmente nei confronti del proprio Talento, non allevia il bruciore, ma ti rende Uomo. E non è cosa da poco...

Ma l'Uomo ha la tendenza alla pigrizia perché mettersi in gioco è difficile e faticoso. Per questo motivo, credo, nel tempo sia stata epurata la seconda metà dell'aforisma del barone francese.

Vi ho raccontato dell'intervista di Pavel Tonkov perché mi sembra possa essere un simbolo di quello che credo: ciascuno di noi dovrebbe onorare il proprio Talento, vittoria o sconfitta, nello sport, come nella vita.

34 IL TALLONE DI JURY.
ATENE, 22 AGOSTO 2004.

Il Talento ci è stato dato perché fosse messo a disposizione delle persone attorno a noi. Non solo diventarne consapevole, non soltanto usarlo responsabilmente, ma condividerlo. Metterlo a disposizione di chi può beneficiarne.

Sui banchi di scuola viene insegnata la mitologia greca. Il mito di Achille, il piè veloce Achille, è uno tra quelli che maggiormente colpisce l'immaginario. Il poema che Omero scrisse, l'Iliade, narra le vicende della guerra che si scatenò per una donna di nome Elena. Achille è uno tra i personaggi più importanti.

La tradizione mitologica fa risalire le origini di Achille ad un'altra battaglia per ottenere la mano di una donna. Questa volta, molto meno cruenta e con sole 3 persone coinvolte. "Persone" è un termine scorretto, in questo caso, improprio. Si tratta di dei. Zeus, niente meno, e Poseidone, dio del mare, che bisticciano per Teti. La ragazza, in realtà, non è una ragazza, ma una nereide: bellissima e dolcissima creatura marina. Nessuno dei due conquista il suo cuore, così, un bel giorno, Prometeo comincia a dire in giro che Teti, una volta scelto il suo spasimante, avrebbe dato vita ad un essere più potente del padre. In questo modo, inibisce i due dei, che orgogliosi e vanesi come potete immaginare che fossero, non ci pensano proprio a perdere la loro leadership. Tra una coppa e l'altra di ambrosia, confabulano finché trovano la soluzione. Costringono la povera Teti a sposare un essere umano, dal cui seme non sarebbe potuta nascere una creatura più forte degli dei. Al massimo, un semidio. Detto, fatto. Il prescelto è un uomo di nome Peleo, e il figlio che nascerà, verrà chiamato Achille. Talvolta Achille lo si sente nominare *Pelide*. Si tratta del patronimico, cioè un soprannome derivato dal nome del padre. Achille avrà una vita breve, ma di grande gloria, diventando un condottiero eroico e valoroso.

A Napoli, si sa, hanno più fantasia di tutti e un certo Publio Papinio Stazio, di professione scrittore, era napoletano. Publio visse nel primo secolo DC e decise di scrivere un poema con Achille come protagonista. Decise, quindi, di aggiungere qualche particolare fantasioso, così tanto per rendere la cosa più accattivante. Il napoletano si inventò che Teti, la madre di Achille, per vendicarsi dell'intrigo organizzato da Zeus e Poseidone, un giorno chiamò il piccolo Achille e lo condusse sulle rive del fiume Stige. Quello era un fiume sacro dalle acque portentose. Teti controllò che non fossero visti da nessuno, poi immerse suo figlio affinché diventasse invincibile. Per evitare che la corrente lo trasportasse via, uccidendolo, Teti tenne Achille stretto stretto per un tallone, il quale però non fu bagnato dall'acqua magica. Il tallone rimase la sua unica parte vulnerabile.

Publio ebbe successo con questa sua versione della storia, anche perché alcuni prima, un pugliese scrisse un testo chiamato *Eneide*. Lo scrittore si chiava Publio Virgilio Marone. Tutti lo conosciamo come Virgilio. Tra le mille cose, l'*Eneide*, scritto principalmente per raccontare la vita di un certo Enea, narra anche della guerra di Troia, quella descritta per la prima volta nell'*Iliade*, da Omero. Quindi, anche Virgilio dovette raccontare di Achille e si inventò che Paride, suo nemico giurato, dopo aver scoperto che il tallone era il suo punto debole, lo mandò al Creatore con un colpo di freccia indirizzato proprio là, dove l'armatura lasciava lo spazio ai calzari, scoprendo il tallone.

È una vita che mi dico: se fossi stato Achille, io mi sarei preoccupato di trovare un fabbro talmente abile da forgiare un'armatura in grado di integrare i calzari, in modo da non lasciarmi scoperto proprio il tallone. Ma se io fossi stato Achille, non avrei scritto libri, e questo non sarebbe stato un grosso problema per nessuno. Il vero problema è un altro: se io fossi stato Achille, sarei intelligentemente andato in battaglia con i talloni super protetti, e non sarebbe mai potuto esistere il detto "il tallone di Achille".

Ma io non sono Achille, quindi il detto esiste. Da quel giorno in cui Paride riuscì a centrare il semidio, uccidendolo, l'espressione "tallone di Achille" si usa per indicare il lato debole di qualcosa o qualcuno. Meglio ancora se questo aspetto è sconosciuto e segreto.

In ogni caso, ad esempio, se ai primi di marzo il tuo naso si tappa e rimane così fino a fine giugno per colpa dei pollini, il tuo tallone di Achille è l'allergia; non è poi così segreta come cosa, ma certamente rischia di ammazzarti, ogni primavera.

Mi sono divertito, in precedenza, a coniare l'espressione "Gallina di Pericle". Questa locuzione polirematica, cioè frase di cui non si capisce il significato solo tramite le sue stesse parole, bensì conoscendone la logica cui sottende, prende spunto dalla famosa polirematica "uovo di Colombo"; quest'ultima viene pronunciata quando si vuole intendere una soluzione ovvia ad un problema qualunque. La polirematica che ho inventato, va considerata come una specifica sottocategoria di "uovo di Colombo": essa vuole rappresentare una soluzione evidente, a partire dal pensiero di Pericle. Nel mio testo *La Gallina Di Pericle*, infatti, racconto come potremmo facilmente uscire dalla crisi economico-finanziaria di questi anni, se solo lo volessimo. È una soluzione alla portata di tutti perché l'origine di questa è sotto gli occhi di tutti, se solo avessimo il coraggio di vederla.

Un meccanismo del genere mi è venuto in mente per intitolare questo secondo libro. Adesso capirete, finalmente, cosa intendo dire.

Il 22 agosto del 2004 cade di domenica. Siamo nel pieno dell'estate e sul Mediterraneo si boccheggia per l'afa. Atene non affaccia direttamente sul mare, ma le propaggini della metropoli greca si fondono con il Pireo, il famoso porto, enorme e convulso. Il mare che bagna il Pireo è il mar Egeo, una piccola porzione di Mediterraneo tra la Grecia e la Turchia. Sono da poco passate le 22.30, ad Atene, e questa sera si gareggia per la finale delle Olimpiadi, nella specialità della ginnastica, agli *anelli*. L'Italia ha il suo rappresentante di tutto rispetto, con un gran blasone, motivo per il quale venne anche scelto come porta bandiera, durante la cerimonia d'apertura. Onore riservato solo a pochi. Solo ai più grandi. Si chiama Jury Chechi e viene da Prato. Jury, come me, è nato l'11 ottobre e tra un paio di mesi compirà 35 anni. La carriera sportiva degli atleti, da un po' di tempo, si sta allungando, per via delle migliori tecniche di allenamento. Tuttavia nella sua disciplina si può raggiungere l'apice della perfezione ancora minorenni, come ad esempio la mitologica ginnasta rumena Nadia Comaneci, che all'età di neanche 15 anni vinse l'oro alle olimpiadi di Montreal, nel 1976. A 35 anni, nella ginnastica, sei decrepito. Ma Jury, evidentemente, fa colazione ogni mattina con l'elisir di giovinezza e non è ad Atene per firmare l'ennesima presenza ad una competizione internazionale.

Comincia l'atleta di casa, Dimosthenis Tampakos. Il suo esercizio è molto buono, non c'è dubbio. Ma non brilla per via di un paio di imprecisioni, l'ultima delle quali in fase di uscita, nell'atterraggio. Si è sempre saputo che le giurie, inevitabilmente, danno qualche decimo di punto in più agli atleti di casa, ed accade anche ora. Il punteggio di Tampakos è altissimo; punteggi del genere, di solito, portano l'oro. Lo stadio, tutto bianco e blu, saluta il risultato con un'ovazione assordante. Dimosthenis, appare soddisfatto, ma per gioire attende l'esito degli altri atleti. Tocca al bulgaro Jordan Jovtchev. L'esercizio è ottimo, l'indecisione, solo una. Come ci si aspettava, la giuria concede qualche punto in meno, rispetto al greco. Per chiunque, sarebbe dovuto passare in testa, ma è solo secondo. Il bulgaro, non gradisce, ma rimane composto. Ora c'è Matteo Morandi, altro italiano in gara. Purtroppo, per un pelo, manca il podio: è quarto. Altri atleti si alternano agli anelli. Finalmente tocca a Jury. Qualcuno l'ha soprannominato il *Signore degli anelli*. Lui è concentrato, ma non teso. Ha tanta esperienza, ma soprattutto la consapevolezza. Il cronista si fa muto, perché le evoluzioni di Jury parlano da sole. Nessuna imprecisione, nessuno sforzo denunciato dall'espressione del volto. È il Signore degli anelli. L'esercizio finisce e Jury volteggia fino a terra. *«Si è posato come una foglia che si arrende, sì, all'autunno, ma rivendicando a sé la grazia del volo. È Jury Chechi»* queste le parole del cronista che interrompe il silenzio, emozionato. Il toscano coi capelli rossi alza le braccia al cielo, è molto soddisfatto perché ha fatto bene ciò che doveva. Si attende il resoconto della giuria. Il greco ed il bulgaro non potranno essere scansati, ma il boato dello stadio e le urla del cronista accolgono il verdetto: con 9.812 Jury è bronzo! Lui esulta, si inginocchia, ride, alza il braccio al cielo. Il Signore degli anelli è al settimo cielo non perché è nuovamente sul podio, ma perché aveva fatto una promessa. Una di quelle che vanno mantenute, ad ogni costo.

Qualche anno prima, nel 2000, durante la preparazione per le Olimpiadi di Sidney, si era rotto il tendine brachiale del bicipite. Questo grave infortunio gli impedì di gareggiare, ma soprattutto, vista l'età, lo convinse al ritiro. Aveva già dovuto affrontare un altro gravissimo infortunio, nel 1992, riportando la rottura del tendine di Achille. Il tendine di Achille si trova sopra l'articolazione della caviglia, tra il piede e la parte bassa della gamba, sul tallone, appunto. Jury aveva sofferto, aveva stretto i denti, aveva dato tutto se stesso per recuperare la forma e tornare alle gare ed aveva regalato ai suoi tifosi 5 ori mondiali consecutivi, cosa che non è mai riuscita a nessun altro. Ma questa volta è diverso. Non avere più lo spirito dei vent'anni e un palmares nutritissimo lo convincono a dire addio alla ginnastica. Qualche anno dopo, nel 2003, suo padre si ammala. In quei momenti difficili, solo una cosa può dargli sollievo: chiede a suo figlio Jury di promettergli di tornare ad allenarsi e magari gareggiare. Solo gli stupidi non cambiano mai idea e Jury promette. Torna in palestra e ricomincia ad allenarsi. Non pensa proprio di tornare alle gare, ma è felice di poter dare questa soddisfazione a suo padre: infondo, la ginnastica è la sua passione e deve molto a questa disciplina. Il suo Talento, però, gli gioca un brutto scherzo. Viene richiamato in nazionale, in vista delle Olimpiadi di Atene, dal momento che si allena bene ed ottiene ancora risultati apprezzabili. Il Signore degli anelli non può tirarsi indietro: ha fatto una promessa, ha una responsabilità nei confronti di suo padre. Ma non lo fa di controvoglia, onora la promessa ed il suo Talento mettendosi nuovamente in gioco, dopo l'ennesimo grave infortunio ed avanti con l'età. Ci vuole coraggio. Ci vuole responsabilità. E bisogna aver compreso quanti buoni frutti porta condividere e dedicare il proprio Talento a chi ci sta vicino.

Per secoli, gli alchimisti di ogni parte del mondo, hanno condotto innumerevoli e vani esperimenti. Lo scopo era sempre lo stesso: trasformare la materia in oro.

In barba a tutti, verso le 23.00 del 22 agosto 2004, Jury Chechi trasforma un disco di bronzo in una montagna d'oro. Riesce in questa impresa eccezionale grazie alla condivisione, alla generosità. Ecco perché quando la giuria scioglie la riserva e pubblica, tramite il tabellone luminoso, quel 9.812, Jury si commuove: che sensazione meravigliosa mettere a disposizione di chi vogliamo bene, il Talento che Dio ci ha donato... Soprattutto, quando costa fatica, quando costa tornare sulle proprie decisioni. Soprattutto, quando costa annullare il proprio egoismo.

Un "tallone di Achille" significa una debolezza, un *tallone di Jury*, invece, significa, come fece lui, avere una debolezza (un infortunio grave) ma dare tutto se stesso per superare le difficoltà e tornare a poter utilizzare il Talento, offrendone i risultati con generosità e condivisione.

Insomma, ciascuno di noi ha un difetto, un lato debole, che magari vorremmo sempre tenere nascosto. Ciascuno di noi vorrebbe essere invulnerabile e magari talvolta, abbiamo ceduto alla tentazione, trastullandoci con il pensiero auto consolatorio dell'icona di noi stessi. Bisogna però, una volta per tutte, fare i conti col fatto che il mantello rosso del supereroe non esiste: non ha nessun senso temere il proprio tallone di Achille e spendere tutte le energie, con l'obiettivo di nasconderlo agli altri ed a noi stessi. Piuttosto, l'unica cosa importante da fare è scoprire il nostro *tallone di Jury*.

Cioè, la capacità di andare oltre le difficoltà e offrire il Talento a chi ne ha bisogno, alleviando il peso della sua *croce*.

Non c'è altro da fare. Ogni altra cosa è un'inutile perdita di tempo.

Usate il Talento che Dio vi ha dato; emozionatevi, ed emozionate!

CONCLUSIONI

35 FARMACIE E GIOCHI DI BAMBINI.
ROMA, OGGI.

Nonostante nascondere il proprio tallone di Achille sia una cosa molto stupida, perché inutile, anzi dannosa ed inoltre sia anche estremamente faticosa, c'è una cosa ancora più faticosa. Si tratta di trovare e mettere in essere il proprio tallone di Jury. Superare, cioè, il proprio egoismo, mettendo a frutto il Talento, in favore di altri. È una cosa difficile, più che faticosa. Ad ogni modo, non è affatto stupida.

Tuttavia, facciamo le cose più impensabili per evitare il tallone di Jury. Sembra assurdo ma è così, pensateci: è, o non è, vero che spendiamo tante energie, per fare cose inutili, volte solo ad apparire migliori di quello che si è, tralasciando di fare ciò che siamo bravi a fare?

Ad esempio, inventiamo delle scuse ridicole, piuttosto che ammettere che siamo fuori strada. Molto spesso, mi è capitato di sentire persone asserire con grande serietà che il Cristianesimo non lo seguono per colpa dei preti (detto con disprezzo). Vanno dette 2 cose: non è compito di un sociologo né di questo libro difendere la categoria dei religiosi, ed infatti non lo sto facendo, né mi interesserebbe farlo. La seconda è che riconosco che ultimamente le cronache riportano molte notizie che gettano alcune ombre sui sacerdoti.

Ma un sociologo indaga le cause dell'agire umano e propone soluzioni innovative. Quindi non posso né voglio esimermi dal dire quanto segue. L'affermazione e il conseguente atteggiamento di chiusura nei confronti di Dio, Gesù, lo Spirito Santo e la Madonna, giustificandolo con le iniquità di alcuni esponenti del clero, sono una cretinata atomica. Una bestialità enorme, incommensurabile. Una cosa pazzesca, detta e congeniata pure male: serve solo a nascondere la mancanza di volontà di essere responsabili di ciò che si è.

Ve lo dico con grande franchezza: rinnegare la spiritualità è di per sé un qualcosa di estraneo all'Uomo, di ogni tempo ed ogni dove. Sminuire il Cristianesimo, per noi occidentali, è semplicemente assurdo. Attenzione, non voglio dire che si debba credere in Cristo per forza; non manipolate il mio pensiero! Sto dicendo che affermare che Dio e Cristo non sono interessanti né applicabili per colpa del clero, è quanto di più stupido si sia mai sentito.

La consapevolezza ci porta, inevitabilmente, verso il riconoscimento della nostra condizione: siamo fragili, peccatori, egoisti. Ci spaventiamo per un nonnulla e subito perdiamo la fede. Non controlliamo gli impulsi. Proprio come dei bambini. Ma siamo anche ricchi di Talenti. L'Uomo sa rendersi protagonista di cose meravigliose. Ebbene, io credo che annunciare pubblicamente quanto non si dia importanza a Dio, giustificandolo peraltro con scuse idiote, abbia la funzione di non far riconoscere cosa siamo effettivamente. Non è facile scoprire o ammettere di essere davvero limitati. Bisogna poi riconoscere di avere bisogno di Dio, per tutto. E del suo Spirito, per far funzionare quanto di buono abbiamo. Ma il tallone di Jury è faticoso, scomodo. Ogni responsabilità lo è. Un re non deve nulla a nessuno, e l'Uomo, riconosciamolo, adora essere re, anzi di più: un dio. La vacillante credibilità delle icone che ci creiamo, va difesa con mezzucci, come quello di far finta, pubblicamente, di non dare importanza a Dio, di non averne bisogno. Poi magari nel nostro cuore, vorremmo permetterci diversamente, ma il nostro ego è un tiranno crudele, che impone coerenza, ed allora non solo diciamo certe cose, ma finiamo col comportarci di conseguenza.

Fare così è stupidissimo: è come essere ammalati e non assumere farmaci solo perché, talvolta, qualche azienda farmaceutica è stata al centro di scandali. Non credere in Dio, per le debolezze di qualche religioso, adotta la stessa logica, da cretini. È come tagliarsi i piedi, perché siccome qualche incivile consente al proprio cane di fare i suoi bisogni sul marciapiede, così non si rischia quella antipaticissima situazione di calpestare una cacca.

Pur di nascondere il nostro tallone di Achille, pur di non fare la fatica di usare il tallone di Jury, ci copriamo di ridicolo.

Vi dicevo, sono un sociologo e la sociologia scientifica ha un grande valore quando è condivisibile. Per fare questo, l'ho già scritto altrove, la sociologia si occupa dei principali fenomeni sociali quali la religione, la politica e l'economia, in modo che le conclusioni che se ne traggono, siano pubblicabili, controllabili e condivisibili. Vi ricordate, da bambini, il gioco del passaparola? Vi ricordate che risate? Affinché si ottenesse un effetto comico e divertente, bisognava essere una compagnia nutrita. Almeno una dozzina di amici, intendo. Ci si metteva seduti in cerchio. E, a turno, si comunicava all'orecchio del vicino, sottovoce, una parola non proprio comune. Poi lui, la riportava all'amico dall'altro lato. Fino a che il giro era completo. L'ultimo aveva il compito di ripetere la parola ad alta voce. Normalmente, alla fine, la parola riportata, era diversissima da quella iniziale, e giù a ridere…

Il gioco si basa sulla capacità umana di proiettare se stessi, in ogni cosa che si fa. In questo modo si interpreta il mondo. È una cosa buona, che l'evoluzione ha messo a punto, a patto che non se ne divenga succubi. Ciascuno mette la propria interpretazione al posto della realtà. E poi si è disposti a giurare che sia la realtà. Bisogna invece essere consapevoli che i nostri sensi sono fini, sì, ma imperfetti, e che ciò che ci pare la realtà, non è la realtà.

Se imparassimo bene a gestire questa cosa, saremmo anche più benevoli nei confronti degli "stranieri", e degli altri in generale. Che a volte sono colpevolizzati solo perché diversi. Ritenere di avere ragione, apoditticamente, è una stupidità dell'Uomo.

Il gioco del passaparola accade in ogni momento, in ogni posto, con chiunque. Siamo pronti sempre ad affermare che la *nostra* realtà sia *la* realtà, quindi l'unico modo valido di vedere la vita. Fare riferimento alle idee dell'Uomo, significa avere la certezza che esse vengano riportate male, o per incapacità o per malafede.

Invece, fare riferimento a Dio garantisce che il modello dell'Uomo, non deperisca mai, che non possa essere frainteso, manipolato, distorto. La Chiesa è fatta di uomini e, tra i tanti difetti che ogni uomo, ha però il grande merito di portare Dio all'Uomo. E di portarlo com'è veramente, da duemila anni, senza distorcerlo, come nel gioco del passaparola.

Riepilogando, non dico questo per difendere i sacerdoti, bensì per fondare la mia analisi sociale su qualcosa di esterno dall'Uomo, e che, per questa buona ragione, possa essere considerato attendibile. In effetti, non bisogna avere il dono della fede in Dio, per considerare valide e condivisibili le massime sapienziali di gran parte del Cristianesimo. E come detto, la religione è una delle tre colonne su cui si fonda il pensiero sociologico.

36 CHISSÀ SE CE LA FACCIO IN TEMPO?
ROMA, 30 SETTEMBRE 2015.

Precedentemente, nel capitolo *Invidia. Roma, oggi*, si è detto che *"Non c'è pace per chi non supera la paura di non essere amati, per chi non affronta lo spavento di guardare negli occhi i propri limiti"*.

Vi confesso una cosa: non ho mai conosciuto nessuno che riesca a fare questo, da solo. Se non hai pace, non riesci ad occuparti efficacemente di qualcosa. Ed infatti, questo pianeta meraviglioso, ricco di risorse, non riusciamo a sfruttarlo ma solo a depauperarlo. Perché non abbiamo pace, dentro. Al mondo la maggior parte delle persone non riesce a godere del sostentamento materiale, nonostante il pianeta sia in grado di far star bene anche 10 miliardi di persone. Questo accade perché invece di usare i nostri Talenti, che sono il modo che Dio ha escogitato per farci compartecipare alla gestione del Creato, usiamo tutte le nostre energie cercando di nascondere la nostra finitezza. Anzi, peggio. Come al casinò, alcune persone prese dal demone del gioco d'azzardo, ad ogni perdita, rilanciano del doppio, convinti di rientrare dei soldi buttati, così facciamo anche noi. Questa strada, però, conduce solo alla rovina. E noi infatti, ci roviniamo con le nostre mani. Piuttosto che ammettere che siamo limitati ed abbiamo bisogno gli uni degli altri, oltre che di Dio, rilanciamo la puntata e, non solo neghiamo la realtà, ma la reinventiamo, disegnandoci come fossimo dei. Icone di noi stessi.

Più c'è sporco e pidocchi, più ci imbellettiamo.

Da soli non riusciamo ad accogliere il nostro cuore ferito.

Abbiamo troppa paura.

Dio, tuttavia, nella sua infinita saggezza, ci ha creato le condizioni necessarie per uscire da questo circolo vizioso. Ha mandato suo figlio, seconda persona della Trinità, perché subisse una morte violenta, per noi. Se qualcuno dà la vita per te, vuole dire, senza nessunissimo dubbio, che ti ama oltre l'immaginabile. Che i tuoi difetti non entrano nel computo dell'amore. Sei amato, punto e basta.

E dal momento che questa è la dimostrazione più grande dell'amore di qualcuno verso qualcun'altro, non può esserci obbligo in questo: così ci ha reso pure liberi di lasciarci amare, oppure no.

Questo meraviglioso dono di Dio per noi si chiama Misericordia.

Dopo qualche settimana di riposo, avendo terminato la stesura del primo libro, il 30 settembre del 2015 ho iniziato a scrivere questo secondo. Durante l'estate, mentre scrivevo *La Gallina di Pericle*, avevo già avuto l'idea di come proseguire, con un secondo libro. Un pomeriggio di metà settembre, ebbi alcune ulteriori intuizioni e le appuntai: mi hanno poi fornito gran parte degli spunti per dipanare il ragionamento di *Il Tallone di Jury*.

In sostanza, ebbi l'intuizione che ciò che facciamo di buono proviene solo dallo Spirito Santo, e che poterlo ascoltare significa riconoscere i nostri limiti nel pensiero e nell'agire, ed accettarli con serenità. Acquisendo questa consapevolezza, si possono mettere da parte i nostri idoli, compresi noi stessi, ed ascoltare la voce di Dio. Affinché si possa accettare di buon grado la nostra essenza, si deve conoscere la Misericordia ed affidarsi ad essa. La logica è: se Dio (che è Dio, e non avrebbe nessun bisogno di creature così limitate come gli uomini) ci ama tanto da incarnarsi in Cristo e dare la vita per noi, perché ha scelto di non poter fare a meno degli uomini, per la realizzazione dei suoi progetti per il Creato, come posso io non accettarmi? Certo, devo impegnarmi per migliorare, ma devo poter percepire di essere amabile addirittura da Dio.

Per questo motivo, speravo, tra un impegno e l'altro, di riuscire a portare a compimento il libro entro l'8 dicembre 2015, data in cui papa Francesco avrebbe inaugurato l'anno santo dedicato alla Misericordia, aprendo le porte della basilica di San Pietro. Con precisione millimetrica, da considerarsi più un colpo di fortuna, oppure un aiutino dall'alto, mentre scrivo queste righe finali è il 7 dicembre 2015, di pomeriggio.

L'11 aprile scorso, Vigilia della II Domenica di Pasqua o della Divina Misericordia, il papa diede alle stampe la Bolla di indizione del Giubileo straordinario della Misericordia, intitolata *Misericordiae Vultus*. Il secondo paragrafo riporta queste parole: [...] *2. Abbiamo sempre bisogno di contemplare il mistero della misericordia. È fonte di gioia, di serenità e di pace. È condizione della nostra salvezza. Misericordia: è la parola che rivela il mistero della SS. Trinità. Misericordia: è l'atto ultimo e supremo con il quale Dio ci viene incontro. Misericordia: è la legge fondamentale che abita nel cuore di ogni persona quando guarda con occhi sinceri il fratello che incontra nel cammino della vita. Misericordia: è la via che unisce Dio e l'uomo, perché apre il cuore alla speranza di essere amati per sempre nonostante il limite del nostro peccato.* [...]

Io credo che il primo passo verso un utilizzo sano dei doni che ci ha dato Dio, sotto forma di Talento, sia riconoscere ed accettare i nostri limiti. Solo godendo appieno della Misericordia di Dio possiamo avere la pace nel cuore, ed in questo stato d'animo acconsentire ai suoi progetti. Solo se apriamo la porta alla Misericordia, possiamo farci protagonisti del mondo, e prendercene cura, aderendo al suo progetto di Creazione, ciascuno secondo il proprio Talento.

Molto spesso, al sacramento della Riconciliazione, non viene data l'importanza che invece ricopre. Credo che averlo chiamato *confessione*, abbia nel tempo dato un sapore inquisitorio alla Misericordia Divina. Nel paragrafo 22 della bolla *Misericordiae Vultus* si legge che [...] *Il perdono di Dio per i nostri peccati non conosce confini* [...].

Il termine confessione non è adatto e andrebbe abbandonato. Il termine *riconciliazione*, invece, testimonia fedelmente la natura del sacramento.

Procedere lungo la strada che porta alla consapevolezza, significa riconoscere le proprie mancanze, oltre il proprio Talento. Ma essere responsabili della consapevolezza, significa condividere con altri essere umani, questo cammino e le opere che ne scaturiscono. Cosa è questo, se non l'atto che si celebra durante il sacramento della Riconciliazione?

C'è un altro fraintendimento che consegue, credo, alla scelta scorretta del termine *confessione*. Alla fine del sacramento, dopo che attraverso il sacerdote, la Misericordia ci inonda il cuore, ci viene attribuita una *penitenza*. Un'altra scelta lessicale pessima, che ritengo abbia una grossa responsabilità nel far allontanare le persone da questo sacramento. A ben vedere, quella che viene definita così impropriamente, non è altro che l'invito ad entrare in comunione con Dio, attraverso la preghiera. Insieme all'eucarestia, la preghiera è il modo principale di stare in compagnia di Dio. Non esiste nulla che dia maggiore pace al cuore dell'Uomo. E questa me la chiamate *penitenza?*

Nostro Padre, creatore dell'universo, ci ama oltre ogni nostro limite e nefandezza e vuole entrare nel nostro cuore, senza giudicarci, solo amandoci. Non c'è nulla di indagatorio o umiliante: è semplicemente meraviglioso. E per suggellare questa avvenuta riconciliazione, ci invita a stare un po' di tempo, in intimità, soli con Lui. La *penitenza* è tutt'altro: io propongo di abbandonare anche questa dicitura. Il sacerdote potrebbe concludere il sacramento, dicendo invece di «*reciti per penitenza 3 Ave Maria ed 1 Gloria*» un più adatto «*riapra la porta a Dio pregando con 3 Ave...*».

Se vogliamo poter dare il nostro contributo per la risoluzione di questi anni difficili per il mondo, attanagliato da crisi economiche indotte e violenza senza confini, dobbiamo abbandonare la nostra idea di perfezione. Non siamo perfetti, ma possiamo entrare in comunione con la perfezione Divina, riconoscendoci bisognosi del suo Spirito, come motore per il nostro Talento. Le opere che potremo mettere in essere in questo modo, andranno nella direzione giusta, per migliorare questo periodo buio.

37 LA PAGHETTA E IL FARAONE.
ROMA, OGGI: 8 DICEMBRE 2015.

Qualche giorno fa ero intento nella contabilità familiare. Come sempre accade, in questi anni, la cosa è terribilmente deprimente. Credo che, come me, fare i conti, gestire le bollette, pianificare le spese necessarie, sia difficile e penoso per una gran quantità di famiglie, nella migliore delle ipotesi. Nella peggiore, non ci si riesce, e basta. I numeri non lasciano spazio, sono stringenti. Così, come ogni mese, mi sono arrabbiato ed avvilito. Ma come, lavoriamo in due, mia moglie ed io, e non si riesce neanche a pagare le bollette? Lo svago non è contemplato, il risparmio per le emergenze è inimmaginabile. Non sono un materialista, però in questo modo non c'è dignità. Ecco perché sono arrabbiato; ecco perché, poi, mi avvilisco. Ed ecco perché, come sociologo, indago alla ricerca di una strada per uscirne, tutti insieme.

Perso in questi pensieri, la mente mi è tornata, chissà perché, a quando avevo 14 anni. Era il 1989. Quell'anno ottenni il permesso per andare in giro col motorino. Dapprima feci pratica con un vecchio cinquantino di mio padre. Poi, contribuendo alle spese, mi fu acquistato un SI Piaggio, nuovo di zecca. Quell'anno cominciai a frequentare il ginnasio e mi affacciavo all'adolescenza quindi i miei genitori, considerarono giusto responsabilizzarmi con una "paghetta". Ricordo che il sabato, appena tornato da scuola, mio padre mi dava 10 mila lire. Con quei soldi dovevo riuscire, per una settimana, a far tornare i conti delle mie spese di quattordicenne, compresa la benzina per il motorino. Vi assicuro che non mi mancava nulla. Con quei soldi, potevo far funzionare il motore del SI per una settimana, comprare le prime sigarette, di nascosto, ed altre cosucce, tipo una pizza con gli amici, o una bibita. Con 10 mila lire compravo anche la merenda al bar della scuola, ogni giorno, durante la ricreazione. Quella banconota, aritmeticamente, vale poco più di 5€, ho pensato. Ed allora mi è venuto in mente di fare un giochino. Come sociologo dell'economia, mi sono divertito ad inventare e costruire l'IPPA: Indice di Perdita del Potere d'Acquisto.

Questo indicatore economico, di mia invenzione, è così costruito: si comincia rapportando le famose 10 mila lire con lo stipendio che mio padre percepiva in quegli anni. Questo serve per vedere quanto pesava sul portafoglio di papà, la mia paghetta. Dividendo l'importo mensile netto dello stipendio di papà per 10 mila, ho ottenuto un indicatore. Questo valore rivela quanto incida lo svago di un figlio, sullo stipendio.

Poi ho cominciato ad elencare i prezzi in € che oggi hanno le stesse cose che compravo in una settimana, nel 1989, con la paghetta. È venuta fuori una cifra compresa tra i 40 ed i 50€. Per la verità più vicina ai cinquanta...

Intuendo i risultati terribili e deprimenti del mio giochino, ho deciso di considerare solo 40€, invece di 50, per limitare i danni, se possibile. Quindi ho preso il numero 40 e l'ho moltiplicato per quell'indicatore di incidenza, ottenuto poco fa. Ho fatto questa semplice operazione, perché volevo sapere quanti soldi avrei dovuto guadagnare, per concedere a mia figlia Sara (che per fortuna oggi non ha neanche sette anni), la possibilità degli stessi svaghi, avendo lo stesso peso sulle entrate economiche familiari, che aveva mio padre. Il risultato è stato circa 30.000,00€. Trentamila euro al mese! Ma ci rendiamo conto? Badate bene, mio padre in quegli anni era diventato dirigente di una grande multinazionale che produceva e distribuiva detersivi. Per questo motivo aveva certamente un buono stipendio, ma vi assicuro che non siamo mai stati ricchi. Benestanti, certo. Ma *ricchi* è un'altra cosa. Mia madre scelse di non lavorare ed accudire noi 3 figli, quindi il buono stipendio di papà ci permetteva l'agiatezza, ma i ricchi erano altri. Siate onesti: guadagnate trentamila euro al mese? Conoscete qualcuno che li guadagna? Intendo dire di persona: i calciatori o i cantanti non valgono. Qualcuno di normale, come mio padre nel 1989...

Trentamila euro al mese, oggi, li guadagni solo se sei un faraone.

A questo punto, con il mio indice IPPA, ho potuto dimostrare quanto la perdita di Sovranità Monetaria, ci abbia fatto perdere potere d'acquisto. Sapendo che non c'è motivo immanente, come una enorme calamità o una carestia, per cui ci siano queste condizioni senza dignità, mi sono avvilito ancora di più. E quindi con maggiore convinzione termino questo mio libro.

Continuando l'analisi di quegli anni, anche se in modo molto veloce, è possibile affermare che avevamo quel benessere, non come frutto del nostro Talento. In quegli anni infatti, si minò irreparabilmente la meritocrazia, anche per via del fatto che l'occidente sfruttò risorse appartenenti ad altri paesi, come il petrolio. E ne fece un uso sconsiderato ed irresponsabile. Ne fece un completo abuso, come tutt'ora. Infine, siccome l'Uomo depredava le risorse di cui necessitava, ha ritenuto superfluo perseguire l'Indipendenza Energetica.

L'Uomo si è auto proclamato dio di questo pianeta, sottomettendo altri uomini ed esautorando il pianeta delle sue risorse. Poco Talento, in giro; molte icone di sé.

Il grave errore di non usare il tallone di Jury, quindi di non usare il proprio Talento per la gestione e cura del Creato, ha determinato le attuali condizioni socio-economiche. Ci siamo messi nei guai da soli.

Ma possiamo uscirne, col Talento, mettendo a tacere la nostra vanità e sete di dominio, ed ascoltando le ispirazioni dello Spirito Santo.

Mi sono divertito ad accompagnarvi lungo questo ragionamento, utilizzando alcune figure retoriche. Concedetemene un'ultima. In greco antico, *scala* si dice *klimaks*. Una climax è una figura retorica che prevede un crescendo; può essere applicata ai ragionamenti, ma anche, semplicemente, agli aggettivi. *Bello, bellissimo, magnifico.* Si adotta una climax, quando si vuole dare molto rilevo a qualcosa che si sta dicendo.

Lungo questo scritto, vi ho invitato a riflettere su quanto sia appagante sentirsi amati dagli altri, poi ci siamo resi conto che è ancora più bello e liberatorio, potersi amare, accentandosi per come si è. Infine, siamo convenuti, sul fatto che non c'è niente che scaldi maggiormente il cuore, come lasciarsi amare da Dio.

(Ho voluto costruire una climax che si protrae praticamente per tutto il libro, affinché, dando la giusta importanza all'argomento, si potesse avere il tempo per completare il percorso mentale e spirituale che il testo invita a compiere.)

Accogliere la Misericordia di Dio, peraltro, apre le porte all'utilizzo pieno, fattivo ed efficiente del nostro Talento. Quanto è pericoloso e distruttivo, invece, non agire secondo Talento: per avere i frutti di cui abbiamo bisogno, se ci si ostina a non voler usare il Talento, si è costretti a sottomettere i popoli, togliere loro la libertà e la dignità, ed infine, saccheggiare questo meraviglioso pianeta che Dio ci ha dato in gestione, tutto per nascondere il nostro tallone di Achille, attraverso dorate icone di noi stessi.

Quanti problemi potremmo evitare, quante difficoltà potremmo risolvere, quante nuove frontiere potremmo conquistare, se solo avessimo il coraggio di lascar stare quello di Achille, per concentrarci sul tallone di Jury …

APPENDICE

Sono del parere che quanto segue possa tornare utile a voi, come lo è stato a me. Lo spero vivamente. Ho preso spunto dalla scienza, per avere il supporto del raziocinio; dalle culture orientali, per avere uno sguardo alla cultura il più possibile aperto ed ispirato; dalla fede, per comprendere nel processo anche la spiritualità, come grande risorsa dell'Uomo, insieme alle 2 precedenti.

LE REGOLE DI EINSTEIN

Pare che il grande scienziato Albert Einstein abbia scritto questo decalogo. Se una mente scientifica e geniale come la sua consiglia queste cose, spero tanto possa fungere da stimolo per la vostra personale ricerca di un metodo per far emergere il vostro tallone di Jury:

1. Segui la tua curiosità

"Non ho nessuno Talento speciale. Sono solo appassionatamente curioso."

2. La perseveranza ha un valore inestimabile

"Non mi considero particolarmente intelligente, è solo che mi dedico ai problemi molto a lungo."

3. Poni il presente al centro della tua attenzione

"Qualsiasi uomo che guida in maniera sicura mentre bacia una bella ragazza è un Uomo che non sta dando al bacio l'attenzione che merita."

4. L'immaginazione è potente

"L'immaginazione è tutto. È l'anteprima delle attrazioni che il futuro ci riserva. L'immaginazione è più importante della conoscenza."

5. Non avere paura di sbagliare

"Una persona che non ha mai sbagliato è una persona che non ha mai provato nulla di nuovo."

6. Vivi nel momento

"Non penso mai al futuro: arriva abbastanza presto."

7. Crea valore

"Impegnatevi cercando di creare non il successo, ma il valore in quello che fate."

8. Non essere ripetitivo

"Follia: fare e rifare sempre la stessa cosa aspettandosi risultati differenti."

9. La conoscenza deriva dall'esperienza

"Informazione non è conoscenza. La sola fonte di conoscenza è l'esperienza."

10. Impara le regole e giocherai meglio

"Devi imparare le regole del gioco. E poi devi giocarci meglio di chiunque altro."

LE REGOLE DEL COMBATTIMENTO

Il grande filosofo cinese Chuang-Tzu fu un grandissimo maestro e letterato del 3 secolo AC. Si occupò di diversi argomenti, ma ciascuno venne affrontato con l'idea didattica di creare scenari significativi per l'ascoltatore, in modo da condurlo più agevolmente nell'infinto spazio della conoscenza.

Chuang-Tzu, per spiegare come affrontare le imprese della vita, adottò la metafora del combattimento in battaglia, metafora che allora era molto alla portata di chiunque, ma che comunque oggi conserva scenari metaforici connaturati con la nostra cultura. Queste sono le 5 regole del combattimento, scritte da Chuang-Tzu:

La fede. Prima di affrontare la vita, è necessario credere in essa: altrimenti rischierà di sembrare un'inutile perdita di tempo.

Il compagno. Scegli per bene con chi ti accompagni: non si arriva da nessuna parte da soli.

Il tempo. Una gita in inverno è diversa da una in estate: bisogna saper capire quando è il momento di fare le cose.

Lo spazio. Fa attenzione a ciò che c'è attorno a te e scegli il modo più adatto di muoverti

La strategia. Non perdere tempo a pensare a ciò che fai, ma non dimenticare mai di pensare a come lo fai.

SOLO PER OGGI

Il grande Santo papa Giovani XXIII, veniva chiamato il *papa buono*. Era un uomo dotato di grande intelligenza, ma sapeva arrivare al cuore delle persone con la semplicità, ma soprattutto con uno sguardo dolcissimo. Ebbe un grande carisma ed ascendente sulle persone, e il suo pontificato diede una svolta epocale alla marcia dell'Uomo, verso i disegni di Dio. Organizzò il Concilio Vaticano II e inaugurò l'Ecumenismo della Chiesa Universale: una Chiesa fatta di Uomini, guidati dallo Spirito santo, piuttosto che una Chiesa composta solo dalle gerarchie clericali dei palazzi vaticani.

Scrisse una preghiera che può essere intesa anche come un valido metodo per far silenzio nel cuore, in modo da ascoltare le ispirazioni dello Spirito e mettere al lavoro il Talento:

Solo per oggi

cercherò di vivere alla giornata senza voler risolvere i problemi della mia vita tutti in una volta.

Solo per oggi

avrò la massima cura del mio aspetto: vestirò con sobrietà, non alzerò la voce, sarò cortese nei modi, non criticherò nessuno, non cercherò di migliorare o disciplinare nessuno tranne me stesso.

Solo per oggi

sarò felice nella certezza che sono stato creato per essere felice non solo nell'altro mondo, ma anche in questo.

Solo per oggi

mi adatterò alle circostanze, senza pretendere che le circostanze si adattino ai miei desideri.

Solo per oggi

dedicherò dieci minuti del mio tempo a sedere in silenzio ascoltando Dio, ricordando che come il cibo è necessario alla vita del corpo, così il silenzio e l'ascolto sono necessari alla vita dell'anima.

Solo per oggi,

compirò una buona azione e non lo dirò a nessuno.

Solo per oggi

mi farò un programma: forse non lo seguirò perfettamente, ma lo farò. E mi guarderò dai due malanni: la fretta e l'indecisione.

Solo per oggi

saprò dal profondo del cuore, nonostante le apparenze, che l'esistenza si prende cura di me come nessun altro al mondo.

Solo per oggi

non avrò timori. In modo particolare non avrò paura di godere di ciò che è bello e di credere nell'Amore.

Posso ben fare per 12 ore ciò che mi sgomenterebbe se pensassi di doverlo fare tutta la vita.

L'AUTORE

Alessandro Ferlosio nasce a Roma l'11 ottobre 1975, secondo di tre figli. Completa gli studi classici nel 1994 e si iscrive alla Facoltà di Scienze Forestali all'Università *la Tuscia* di Viterbo. Dopo un paio di anni, decide di lasciare quella facoltà, non riconoscendosi più in quella scelta. Dopo aver assolto agli obblighi di leva ed aver fatto esperienza come animatore presso villaggi turistici, si iscrive alla facoltà di Sociologia presso l'università *la Sapienza* a Roma. Tra il giugno 1999 ed il febbraio 2001 completa tutti gli esami previsti dal corso di studi. Alessandro inizia a lavorare come formatore aziendale e compila una tesi sperimentale, descrivendo 2 percorsi formativi cui partecipa come tirocinante. Successivamente, grazie alla formazione, diventa, prima progettista e poi valutatore di sistemi di qualità. Durante la sua carriera, Alessandro eroga formazione in aula per oltre 12 mila ore, ad aziende multinazionali come Nokia. La crisi economico-finanziaria cominciata nel 2008, diminuisce progressivamente il parco clienti di Alessandro, che decide, nel 2015, di dedicarsi alla scrittura di saggi. Nel 2006 conosce Veronica con la quale si sposa nel 2008. Nel 2009 nasce Sara.